FRÉDÉRIQUE CORRE MONTAGU & SOLEDAD BRAVI

de positiv[illegible]
mijn zwange[illegible]k

VAN MAAND TOT MAAND • H[illegible]

HANDIGE TO-DOLIJSTJES [illegible]ERGETEN

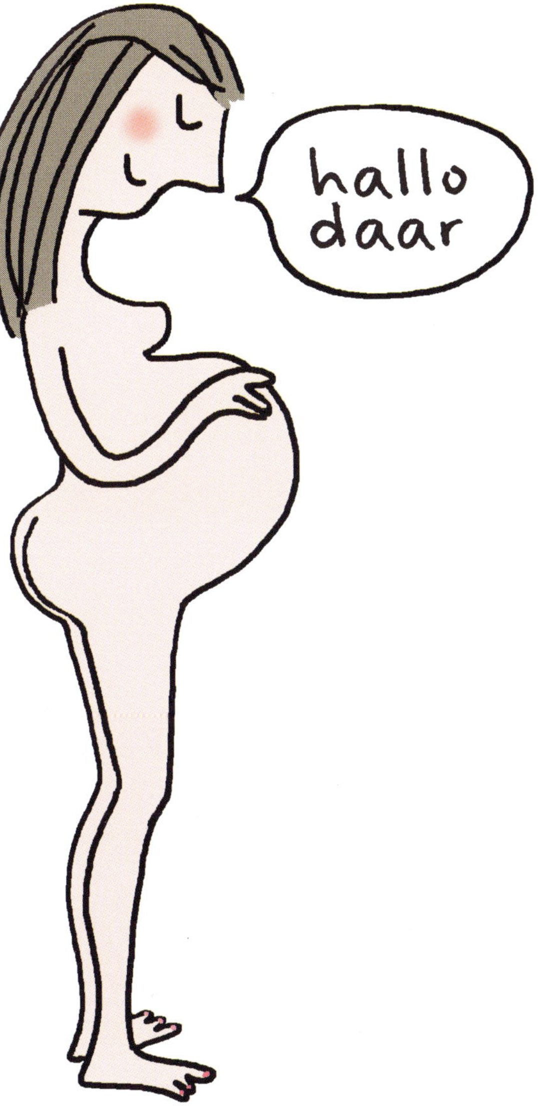

Simplify Life | Van Halewyck

de positiva's

Positiva's zijn jong, enthousiast en combineren werk, studie, vrije tijd, uitgaan, relaties en nog veel meer met gemak. Hoewel? Soms wordt het wat teveel van het goede en dan bieden de boeken en de blog uitkomst.
Daarom: volg de positiva's via ons blog www.depositivas.com
De positiva's verschijnen bij SimplifyLife.

SimplifyLife inspireert tot een levensstijl met meer aandacht en tijd voor wat echt belangrijk is. Hierbij gaat het om levenshouding en praktische oplossingen gebaseerd op principes van vereenvoudiging: kiezen, accepteren, loslaten, aandachtig zijn en je verbinden.
SimplifyLife is een imprint van Forte Uitgevers BV, Baarn

Dit een uitgave van:
Forte Uitgevers BV
Postbus 684
3740 AP Baarn

Redactie en productie: Vitataal, Feerwerd
Vertaling: Renate Hagenouw/Vitataal
Opmaak binnenwerk: Studio Spade, Voorthuizen
Omslagontwerp: Studio Jan de Boer, Amsterdam

Oorspronkelijke titel: *Le Cahier Grossesse des Paresseuses*

ISBN 978 94 91853 00 5
NUR 485

Voor België:
Uitgeverij Van Halewyck
Diestsesteenweg 71a
3110 Kessel-Lo
ISBN 978 94 6131 314 0
D/2014/7104/48

Noot van de uitgever
De meningen en adviezen die in dit boek worden gegeven zijn bedoeld als richtlijnen. De uitgever, auteur en anderen die een bijdrage hebben geleverd zijn niet aansprakelijk voor eventuele verwondingen of andere schade als gevolg van het gebruik van dit boek.

Voor meer informatie over SimplifyLife en de boeken van Forte Uitgevers:
www.simplifylife.nl en www.forteuitgevers.nl

Voor meer informatie over de boeken van Uitgeverij Van Halewyck:
www.vanhalewyck.be

Inhoud

Inleiding 5
1e maand 9
2e maand 21
3e maand 37
4e maand 53
5e maand 65
6e maand 81
7e maand 93
8e maand 107
9e maand 117

ik ben zwanger!

Inleiding

En dan ben je zwanger. Een wonderlijk en nieuw avontuur, met de komst van een lief klein kindje als eindbestemming...

Oké, dat is de officiële versie. De rozewolkversie die je zin moet geven om aan kinderen te beginnen. Maar gelukkig is er ook nog een nuchtere variant, die zoveel realistischer en grappiger is. Want je komt in een mallemolen terecht. Je ondergaat van de ene op de andere dag duizend-en-een lichamelijke veranderingen; je moet ineens duizend-en-een dingen regelen, plannen, kopen, beslissen; je krijgt duizend-en-een nieuwe situaties te verwerken... Pfff, alleen van het lezen daarvan word je al moe.

En het is allemaal niet direct geregeld...

Daarom hebben wij speciaal voor jou dit handige boek geschreven, waarin we je zwangerschap van week tot week begeleiden. We leggen je alles uit, te beginnen met wat zich in je buik afspeelt, en ook is er voldoende ruimte voor je eigen anekdotes en foto's. En omdat wij als geen ander weten dat je vergeetachtiger wordt naarmate je baby groeit, vind je hier allerlei handigheidjes die voorkomen dat je hersenen oververhit raken:

- een tabel waarin je in één oogopslag kunt zien wanneer je gaat bevallen;
- een wekelijks overzicht van wat je moet doen of welke afspraken je moet maken;
- tips van een met zorg samengesteld panel van ervaringsdeskundigen;
- gedetailleerde beschrijvingen die je helpen bij zwangerschapskwaaltjes en het nemen van beslissingen...

En ten slotte elke week een stemmingskaartje over het echte leven van een zwangere positiva, om je wat minder eenzaam te voelen als je uiteindelijk als een aangespoelde walvis op je bank ligt!

Ben je klaar voor de grote expeditie? We gaan ervoor!

IK ZIE ENORM VEEL ZIN IN AARDBEIEN

Even onder ons, geef het maar toe... Je wilt zielsgraag weten wanneer je gaat bevallen. We hebben geen kristallen bol en kunnen geen koffiedik kijken, maar we hebben wel een tabel waarmee je je vermoedelijke bevallingsdatum kunt vaststellen.

Natuurlijk is dit geen exacte wetenschap en kan niemand je garanderen wat de exacte geboortedatum van je kindje zal zijn, tenzij de geboorte om medische redenen gepland is uiteraard. Maar dat is een ander verhaal.

De eerste week van je zwangerschap, de eerste week overtijd... Hoe zit dat nu precies?

De officiële berekening van je zwangerschap gaat uit van de eerste dag van je laatste menstruatie. Omdat de bevruchting meestal twee weken na de eerste dag van de laatste menstruatie plaatsvindt, betekent dit in de praktijk dat je officieel twee weken minder lang zwanger bent dan de calculator uitrekent. De feitelijke zwangerschap duurt 38 weken, maar voor het gemak gaan we uit van een zwangerschap van 40 weken. Die eerste twee weken krijg je dus mooi cadeau!
Hiernaast zie je de magische tabel. De eerste dag van je laatste menstruatie is in zwart gedrukt, en je vermoedelijke bevallingsdatum in paars.

JAN	1	2	3	4	5	6	7	8	9	10	11	12	13	14	15	16	17	18	19	20	21	22	23	24	25	26	27	28	29	30	31	JAN
OKT	15	16	17	18	19	20	21	22	23	24	25	26	27	28	29	30	31	1	2	3	4	5	6	7	8	9	10	11	12	13	14	NOV
FEB	1	2	3	4	5	6	7	8	9	10	11	12	13	14	15	16	17	18	19	20	21	22	23	24	25	26	27	28				FEB
NOV	15	16	17	18	19	20	21	22	23	24	25	26	27	28	29	30	31	1	2	3	4	5	6	7	8	9	10	11				DEC
MRT	1	2	3	4	5	6	7	8	9	10	11	12	13	14	15	16	17	18	19	20	21	22	23	24	25	26	27	28	29	30	31	MRT
DEC	13	14	15	16	17	18	19	20	21	22	23	24	25	26	27	28	29	30	31	1	2	3	4	5	6	7	8	9	10	11	12	JAN
APR	1	2	3	4	5	6	7	8	9	10	11	12	13	14	15	16	17	18	19	20	21	22	23	24	25	26	27	28	29	30		APR
JAN	13	14	15	16	17	18	19	20	21	22	23	24	25	26	27	28	29	30	31	1	2	3	4	5	6	7	8	9	10	11		FEB
MEI	1	2	3	4	5	6	7	8	9	10	11	12	13	14	15	16	17	18	19	20	21	22	23	24	25	26	27	28	29	30	31	MEI
FEB	12	13	14	15	16	17	18	19	20	21	22	23	24	25	26	27	28	29	30	31	1	2	3	4	5	6	7	8	9	10	11	MRT
JUN	1	2	3	4	5	6	7	8	9	10	11	12	13	14	15	16	17	18	19	20	21	22	23	24	25	26	27	28	29	30		JUN
MRT	15	16	17	18	19	20	21	22	23	24	25	26	27	28	29	30	31	1	2	3	4	5	6	7	8	9	10	11	12	13		APR
JUL	1	2	3	4	5	6	7	8	9	10	11	12	13	14	15	16	17	18	19	20	21	22	23	24	25	26	27	28	29	30	31	JUL
APR	14	15	16	17	18	19	20	21	22	23	24	25	26	27	28	29	30	1	2	3	4	5	6	7	8	9	10	11	12	13	14	MEI
AUG	1	2	3	4	5	6	7	8	9	10	11	12	13	14	15	16	17	18	19	20	21	22	23	24	25	26	27	28	29	30	31	AUG
MEI	15	16	17	18	19	20	21	22	23	24	25	26	27	28	29	30	31	1	2	3	4	5	6	7	8	9	10	11	12	13		JUN
SEP	1	2	3	4	5	6	7	8	9	10	11	12	13	14	15	16	17	18	19	20	21	22	23	24	25	26	27	28	29	30		SEP
JUN	14	15	16	17	18	19	20	21	22	23	24	25	26	27	28	29	30	1	2	3	4	5	6	7	8	9	10	11	12	13		JUL
OKT	1	2	3	4	5	6	7	8	9	10	11	12	13	14	15	16	17	18	19	20	21	22	23	24	25	26	27	28	29	30	31	OKT
JUL	14	15	16	17	18	19	20	21	22	23	24	25	26	27	28	29	30	31	1	2	3	4	5	6	7	8	9	10	11	12	13	AUG
NOV	1	2	3	4	5	6	7	8	9	10	11	12	13	14	15	16	17	18	19	20	21	22	23	24	25	26	27	28	29	30		NOV
AUG	14	15	16	17	18	19	20	21	22	23	24	25	26	27	28	29	30	31	1	2	3	4	5	6	7	8	9	10	11	12		SEP
DEC	1	2	3	4	5	6	7	8	9	10	11	12	13	14	15	16	17	18	19	20	21	22	23	24	25	26	27	28	29	30	31	DEC
SEP	13	14	15	16	17	18	19	20	21	22	23	24	25	26	27	28	29	30	1	2	3	4	5	6	7	8	9	10	11	12	13	OKT

1e MAAND

WEEK 3

Waarschijnlijk merk je nog niets, maar er gebeurt al van alles in je lichaam sinds dat kleine zaadcelletje onlangs, helemaal buiten adem, zijn minuscule kopje in dat schattige eicelletje van je duwde. Dat schattige eicelletje, dat zich in alle commotie (laten we het zo maar noemen) eerst in tweeën deelde, toen in vieren, daarna in zestienen, enzovoort, is aan zijn lange afdaling naar je baarmoeder begonnen. Maar sst! Het is nog een geheim.

Van top tot teen

Je oogappeltje is nog minuscuul.

Plak hier, nu het nog kan, een foto van je platte buik.

WEEK 4

Het is zover, het kleine celbolletje heeft zijn bestemming bereikt en heeft zich ingenesteld in je baarmoeder. Het splitst zich nu in tweeën: het ene deel wordt de placenta, het andere deel je toekomstige hummeltje, dat er in dit stadium nog als een plat schijfje uitziet. Vanaf het moment van bevruchting zijn alle kaarten geschud: zo ligt het al vast of het een meisje of een jongen wordt (bijzonder, toch?). Normaal gesproken is het kindje een mix van mama en papa, maar niet altijd. Soms duikt er vanuit het niets een gen op (nee, niet van de melkboer) dat verwarring zaait. Daar is niets aan te doen. Het is gewoon afwachten hoe jullie DNA zich vermengd heeft. Maar één ding staat vast: het resultaat is uniek.
Made by papa in mama.

Wat vréémd allemaal...

Je hebt al een paar dagen last van pijnlijke borsten.

Of je bent misselijk.

En jeetje, wat ben je moe!

Je valt voor het eind van de film in slaap en 's nachts slaap je enorm diep.

Je hebt een vreemd gevoel in je buik.

Of de twijfel slaat toe: 'Ik had al 2 uur, 13 minuten en 47 seconden geleden ongesteld moeten worden', of: 'Waarom bloed ik maar een heel klein beetje?'

Het begin van de zwangerschap (en soms zelfs de hele zwangerschap) is voor elke vrouw anders. Logisch dat je twijfelt...

NU JIJ! Schrijf zonder nadenken op hoe jij je als mama voorstelt. Waar denk je aan?

WEES VERSTANDIG

- Druk je laatste peuk uit.
- Zet drank achter slot en grendel en vraag je liefje om de sleutel te verstoppen.
- Drink weinig koffie.
- Stop met junkfood (hamburgers, chips, frisdrank), fabrieksmaaltijden, rauwmelkse kaas, sushi, rood vlees en voorverpakte vleeswaren (zie voor meer info blz. 30), en investeer in verse producten.
- Stop met medicijnen (raadpleeg indien nodig je behandelend arts).
- Vermijd producten met giftige stoffen (huishoudelijke producten, verf...).
- Stop met abseilen, bungeejumpen, parachutespringen, duiken en alle gevaarlijke sporten waarbij je op en neer schudt.
- Laat het verschonen van de kattenbak aan je liefje over.
- Stel de datum van een eventuele röntgenfoto zo mogelijk uit: probeer deze zelfs helemaal te vermijden tijdens de zwangerschap.
- Koop een zwangerschapstest.

WEEK 5

Dat kleine platte schijfje heet sinds vorige week officieel een embryo. Inmiddels heeft het de vorm van een 'boontje' en begint het hoofdje zich af te tekenen. En als door een wonder begint rond de 22e dag iets wat op een hartje lijkt te kloppen.

Een gewaarschuwd positiva telt voor twee

• Deel je ontdekking met de vader, tenzij je hem pas wilt verrassen als je zwangerschap officieel bevestigd is.

• Bel je huisarts bij hevige pijn in je onderbuik of bruine bloedingen: dit kan wijzen op een buitenbaarmoederlijke zwangerschap.

Van top tot teen

Lengte: 1,5-2 mm
Gewicht: héél laag!

Bingo !

Je hebt jezelf opgesloten op de wc en staart vol ongeloof naar het roze of blauwe streepje (of het woord 'zwanger') op het plastic staafje, dat je trillend van emotie in je handen houdt.

En toch komt het niet helemaal als een verrassing. Je hebt al een tijdje een raar gevoel: in je buik, in je borsten... Zonder aanwijsbare reden heb je last van vermoeidheid. De geur van koffie maakt je opeens misselijk. En je bent al een eeuwigheid niet ongesteld geweest. Daarom heb je immers dit staafje gekocht. En, tadáá, dit verklaart alles. Als het goed is, heb je over iets minder dan negen maanden een heel klein baby'tje in je armen.

WEES VERSTANDIG

- Ga naar je huisarts of gynaecoloog als je een officiële bevestiging wilt van je zwangerschap (hoewel moderne zwangerschapstests uiterst betrouwbaar zijn).
- Kijk op blz. 7 voor de vermoedelijke bevallingsdatum.

NU JIJ!

Met wie heb je het blije nieuws al gedeeld?

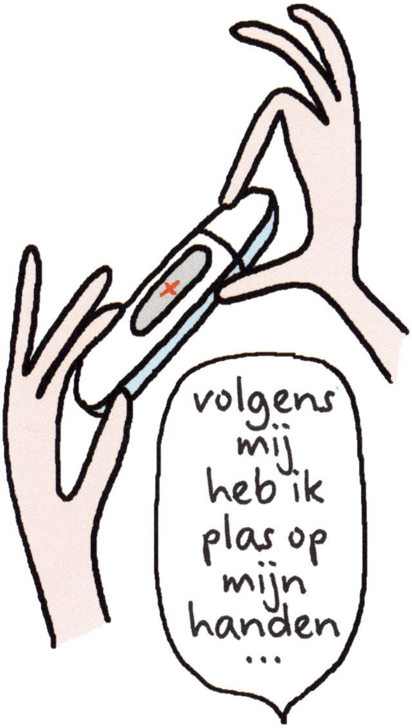

Bepaal waar je wilt bevallen

Je hebt net ontdekt dat je zwanger bent en zit nog boven op je roze wolk. Moet je dan nu al nadenken over die afschrikwekkende bevalling of over de manier waarop je wilt bevallen? Waarom zo vroeg? Omdat de faciliteiten en service tijdens en na de bevalling per ziekenhuis, kraamhotel of geboortehuis verschillen. Bedenk wat jij belangrijk vindt. Thuis bevallen kan als je tussen week 37 en 42 bevalt en mits je binnen 30 minuten rijden van een ziekenhuis woont.

Eerste tip: vraag aan vriendinnen of collega's die onlangs een kindje hebben gekregen, waar ze bevallen zijn en hoe dat was. Noteer waar je vooral wel en niet moet zijn.

Ben jij de eerste in je omgeving die zich aan dit grote avontuur waagt? Informeer dan bij je verloskundige, gynaecoloog of huisarts.

Tweede tip: stel een lijstje met vragen op voor de ziekenhuizen of kraamhotels/geboortehuizen die je benadert als je niet thuis wilt of kunt bevallen. Zoals:

- Is er een deskundige die je begeleidt bij de borstvoeding (wat héél zinvol is als je dit wilt proberen)?
- Wat is het beleid ten aanzien van pijnbestrijding (ruggenprik of epidurale verdoving) en keizersnede? Zorg dat je weet waar je om kunt vragen als het moment daar is.
- Op welke verschillende manieren kun je er bevallen?
- Kan de vader bij de bevalling zijn of kan hij zich, als dat nodig is, achter de drankautomaat verstoppen zonder dat hij nare opmerkingen naar zijn hoofd geslingerd krijgt?
- Ligt de pasgeboren baby bij de moeder op de kamer of juist in een aparte zaal? Oftewel: leggen ze je kindje na de bevalling een nacht apart zodat jij na 24 uur noeste arbeid even kunt bijtanken, of mag de baby lekker bij mama blijven (ook fijn)?
- Is er in geval van nood een medische staf aanwezig voor je baby of voor jou? Is er een operatiekamer, anesthesist, gynaecoloog, couveuseafdeling? En zo niet, hoe vindt het vervoer plaats naar een locatie waar dat allemaal wel aanwezig is?
- Zijn er privékamers en hoe kom je daar eventueel voor in aanmerking?
- Is er op elke kamer een fatsoenlijke badkamer of hangt er alleen een wastafel aan de muur?
- Wat zijn de bezoektijden?
- Hoe lang kun je blijven na de bevalling?
- Krijg je extra hulp of advies na de bevalling?
- Is er een compleet en vooral prettig team aanwezig (verloskundige, kraamhulp, gynaecoloog, anesthesist, kinderarts)?
- Bedenk of je een volledig vergoede ziekenhuisbevalling wilt, of dat je bereid bent zelf wat geld aan een kraamhotel uit te geven?
- En, last but not least, hoe groot is de afstand ernaartoe vanaf je huis?

Ziekenhuizen en kraamhotels organiseren met regelmaat rondleidingen voor aanstaande moeders. Informeer hiernaar.

Je eerste bezoek aan de verloskundige

Zodra je over je eerste twijfels heen bent, wil je vast dat je huisarts of een verloskundige je zwangerschap zo snel mogelijk bevestigt. Als je langer nodig hebt om je zwangerschap tot je door te laten dringen, kun je daar ook nog even mee wachten. De meeste verloskundigen plannen de eerste controle tussen de achtste en tiende week van de zwangerschap.

De verloskundige wil tijdens de eerste controle alles weten over jouw medische achtergrond en die van je partner. Daarnaast word je gewogen en krijg je een doorverwijzing voor een bloed- en urineonderzoek. Daarbij wordt gekeken naar je:

- eiwitten
- bloedsuikerspiegel (om te zien of je geen diabetes hebt)
- infectieziekten (hepatitis B, syfilis en, met toestemming, hiv en aids)
- bloedgroep
- antistoffen tegen bloedgroepen

Slik je nog geen foliumzuur (vitamine B11)? Tot en met de tiende week heeft dat nog steeds zin! Ga meteen naar de apotheek of drogist. De officiële richtlijn luidt: slik foliumzuur (400-500 microgram per dag), liefst al zodra je weet dat je zwanger wilt worden, en ga daarmee door tot minstens 8 weken na de bevruchting, ofwel tot in week 10 van de zwangerschap. Hiermee verklein je de kans op NBD (neurale-buisdefect) bij je baby.

WEEK 6

Je baby heeft behalve een groot hoofd nu ook een klein staartje en 'knoppen' waar later de armpjes en beentjes uit groeien. Vanbinnen vinden bij hem ook grote veranderingen plaats. Alle organen beginnen zich te ontwikkelen, evenals de bloedsomloop, het gehoororgaan, de ogen, de tong... En ook de rug blijft niet achter: het laagje cellen vouwt zich om tot een buis die het ruggenmerg gaat vormen. Ja wow, dat alles in zo'n korte tijd.

Van top tot teen

Lengte: 2-5 mm
Gewicht: bizar laag, ook al is het vruchtje de afgelopen week met 10.000 vermenigvuldigd

Een gewaarschuwd positiva telt voor twee

- Cancel de trektocht die je over zeven maanden door Ethiopië wilde maken.
- Stop met stofzuigen, dat veroorzaakt weeën (tenminste, overtuig je liefje daarvan en kondig aan dat je negen maanden in huishoudstaking gaat).
- Zoek uit hoe en waar je wilt bevallen. Ja, nu al! (Zie blz. 16.)

Hoe lang ben ik zwanger?

Je weet min of meer precies wanneer een spermacel van meneer je eicel is binnengedrongen en dus weet je ook dat je nu zo'n vier weken overtijd bent. De medische wereld gaat uit van de amenorroeduur, oftewel de duur van het uitblijven van de menstruatie. Daarom wordt je zwangerschapsduur met twee weken bijgesteld. En daarom gaan we in dit boek ook uit van veertig weken, ook al duurt je zwangerschap dus feitelijk maar 38 weken.

WEES VERSTANDIG

Maak een afspraak bij de verloskundige voor de eerste controle.

Je kunt je aanmelden bij Moeders voor moeders. Jouw hormonen kunnen andere vrouwen helpen om zwanger te worden. Kijk op www.moedersvoormoeders.nl of www.moedersvoormoeders.be

NU JIJ! Wanneer is jullie baby verwekt?

Noteer hier al je vragen voor de verloskundige:

2e MAAND

WEEK 7

Je baby is al ver in zijn tweede maand. Wat vliegt de tijd! Er vinden heel veel processen tegelijk plaats. Met name het hoofdje groeit enorm om ruimte te maken voor de hersenen, die zich ook heel hard ontwikkelen. De neus, mond en kaken beginnen zich af te tekenen. De ogen en oren zijn nu duidelijk te onderscheiden. Het embryo heeft een maag, lever en alvleesklier en er ontstaat een holte voor de lucht-wegen.

Van top tot teen

Lengte: 5-7 mm
Gewicht: minimaal

Een gewaarschuwd positiva telt voor twee

- Maak een afspraak bij de tandarts en zorg ervoor dat er de komende maanden geen grote ingrepen nodig zijn.

De grote omwenteling

Het is tijd om contact op te nemen met de verloskundige voor je eerste controle. Die zal je, na je eerste bezoek, doorverwijzen voor een bloed- en urineonderzoek. Vervelend als je niet van prikken houdt, maar troost je met de gedachte dat het deze keer écht voor het goede doel is!

Wordt het niet eens tijd om de aanstaande papa in vertrouwen te nemen? Of heb je meteen de zwangerschapstest onder zijn neus geduwd toen je van de wc afkwam? Had hij misschien door dat je iets in je schild voerde omdat je bij elke luierreclame een diepe, tevreden zucht slaakte? Elke vrouw doet dit op haar eigen manier. De een stuurt hem een e-mail of sms, de ander belt hem tijdens een vergadering hysterisch op, en sommige vrouwen leggen babyslofjes op zijn bord, een knuffel onder zijn kussen of stoppen een rammelaar in zijn laptoptas...

Beslis zelf wat voor jou de juiste manier en het juiste moment is. Zorg er wel voor dat je partner rustig en ontspannen is. Zo voorkom je traumatiserende reacties als: 'Haha, grapje zeker', 'En dus?' of 'Fijn voor je'.

Wees verstandig

- Maak een afspraak bij de verloskundige of gynaecoloog. Informeer bij je huisarts of vrienden als je er geen kent.
- Regel je kraamzorg. Om zeker te zijn van kraamhulp na je bevalling kun je deze beter nu al regelen. Zeker als je in een grote stad woont waar een tekort aan kraamverzorgenden is.
- Begin al een beetje na te denken over de periode na de bevalling: kinderopvang, zwangerschapsverlof, hoe wil je alles geregeld hebben als je weer aan de slag gaat?

Nu jij! Hoe heb jij je liefje op de hoogte gesteld van het goede nieuws?

WEEK 8

Alles gaat heel snel: het gezicht (daar ben je vast heel benieuwd naar) heeft nu prachtige kaken, met daarin de kiemen voor de toekomstige tanden, die de tong omlijsten... De oogzenuw begint zich te vormen. Er ontstaat een heel dun huidje op het lichaam. De ogen zijn open en staan wijd uit elkaar, net als bij een kameleon (ze draaien alleen niet alle kanten op). Deze week beginnen ook de ruggengraat en nieren zich te ontwikkelen, worden de armpjes en beentjes langer en krijgen ze gewrichten.

Een gewaarschuwd positiva telt voor twee

- Probeer 's middags een dutje te doen of neem op kantoor desnoods even een momentje voor jezelf op de wc.
- Vraag in het openbaar vervoer of je mag zitten en bij de kassa of je voor mag gaan, ook al heb je nog een platte buik (vrouwen begrijpen dit zeker...).
- Neem direct contact op met je verloskundige of huisarts bij bloedverlies of pijn in je onderbuik.

Van top tot teen

Lengte: 10-14 mm
Gewicht: 1,5 gram

Zwanger. Een grote roze wolk?

Je hangt al een paar weken niet meer het feestbeest uit en toch heb je elke morgen het gevoel dat je de hele nacht hebt doorgehaald. Je ligt vastgeketend in je bed, badend in het zweet. En alleen al de gedachte aan koffie maakt je kotsmisselijk. Je sleept jezelf naar de badkamer waar je met je hoofd boven de wc-pot belandt. Even later hang je boven de wastafel en dan weer boven de wc. Je hoofd duizelt. Je hebt pap in je benen.

Of misschien kun je niet meer op je buik slapen omdat je borsten zo'n pijn doen. Je beha aantrekken is opeens een kwelling. Ze zijn zo gespannen en zo pijnlijk dat je nauwelijks nog durft te bewegen uit angst dat je ze ergens tegenaan stoot.

Of misschien kwijl je in je slaap, heb je last van brandend maagzuur of van een rommelende maag, last van je darmen, kramp of onrustige benen, vooral 's nachts, of een ijzersmaak in je mond... En dan die vermoeidheid die je pats-boem overvalt, alsof je stekker er in één keer wordt uitgetrokken.

Welkom in de wondere wereld die zwangerschap heet! Gelukkig gaan al die klachten over (aan het eind van de derde maand) en zijn er wel maniertjes om je iets beter te voelen (zie blz. 50).

NU JIJ!
Hoe ga jij je zwangerschapskwaaltjes te lijf?

WEEK 9

Het embryo (ja, zo wordt je kindje nog steeds genoemd, frustrerend hè?) begint nu echt ergens op te lijken. Op een soort bolle babypop met een enorm hoofd. Hij heeft kaken en een neus, de ogen staan wat dichter bij elkaar (de oogzenuw werkt) en de oogleden zijn bijna helemaal gevormd. Aan de uiteinden van de beentjes en armpjes verschijnen tenen en vingers. Het lukt hem zelfs om zijn ellebogen te buigen! En ook al doet hij dit nogal schokkerig en voel jij er nog niets van, hij beweegt! Heb nog even geduld. Binnenkort kun je dit op de echo zien en over een paar weken voel je hem duidelijk bewegen. Aan het eind van deze 'ontwikkelingsweek' verdwijnen de darmen, die tot op heden in het vruchtwater dobberden, in het buikje, dat daar inmiddels groot genoeg voor is. Ach, wat wordt hij mooi!

Van top tot teen

Lengte: 17-22 mm
Gewicht: 1,5-2 gram

O jee, waar zijn we aan begonnen?

Dat kleine baby'tje, dat diep in jou schuilt, bezorgt je af en toe misschien paniekaanvallen. Duizenden vragen spoken door je hoofd. Je vraagt je af waar jullie in hemelsnaam aan begonnen zijn. Beetje bij beetje besef je dat je leven over een paar maanden totaal anders zal zijn. Je hebt geen idee waar het naartoe gaat en er is geen weg terug ('niet goed, geld terug' gaat voor baby's echt niet op).

Zorgen je hormonen voor deze paniek? Waarschijnlijk wel, want – zonder in technische details te treden – in je lichaam vindt een soort aardverschuiving plaats. En die leidt tot verstrooidheid ('Hoezo, kan ik die trektocht door Ethiopië niet maken?', 'Hoezo, mag ik geen dubbele martini?' of 'Hoezo, word ik over een paar maanden moeder?'), plotselinge vermoeidheid en spectaculaire stemmingswisselingen.

Maar relax, het hoort erbij. En weet je, de aanstaande vader heeft hier ook last van, terwijl het bij hem niet eens hormonaal is! Het gaat over (in het tweede trimester) en komt weer terug (in het derde trimester). Top!

Een gewaarschuwd positiva telt voor twee

- Geef belangrijke afspraken waar je liefje bij moet zijn (in elk geval de echo) op tijd aan hem door, zeker als hij altijd een overvolle agenda heeft.
- Geef hem een boek voor aanstaande vaders (een grappig boek, je wilt niet dat hij zelfmoordneigingen krijgt).

Wees verstandig

Controleer of je je zwangerschap bij je verzekeraar moet melden.

Nu jij!

Noteer hier je kleine angsten en grote vragen voor de toekomst.

WEEK

10

'Boem, boem. Mijn hartje gaat van boem, boem, boem.' Dat zou je baby kunnen zingen (als hij dat kon, tenminste) want deze week heeft hij een echt hartje dat klopt, en binnenkort kun jij dat horen (leg de tissues maar klaar!). Het hele hart- en vaatstelsel begint te werken, evenals een groot deel van de organen. De oogleden zijn nog niet helemaal af, en in het mondje gebeurt nog een hoop: in de kaken vormen zich de toekomstige tanden. De arm- en beengewrichten zijn wel klaar, net als de handjes en voetjes.

Een gewaarschuwd positiva telt voor twee

- Eet goed, dat wil zeggen: evenwichtig, gevarieerd en gezond (zie blz. 30-35), maar niet meer dan normaal.
- Smeer je lichaam vanaf nu elke dag met amandelolie in, want binnenkort gaat je huid oprekken.

Van top tot teen

Lengte: 3 cm
Gewicht: 2-3 gram

Nog even lekker stoeien? Nu of nooit...

Ben je weer een beetje geland? Dringt het tot je door wat er in je lichaam gebeurt en wat dat betekent voor jullie toekomst (twee dolverliefden die papa en mama worden, ach, haal dat zakdoekje maar weer tevoorschijn!)? Geniet in de tussentijd nog maar even goed van jullie laatste weken als onbezorgde jonge dwazen.

Niet alle mannen fantaseren over een zwanger vrouwenlichaam... Sommigen raken er zelfs door geblokkeerd: 'En wat als de baby me voelt? En wat als ik hem pijn doe? En wat als ik weeën veroorzaak? En wat als ik de vliezen per ongeluk doorprik?' Neem het er nu verdorie maar van, nu kan het nog!

Heb je de pech dat je nu nog hele dagen met je hoofd boven de wc-pot hangt, dan hoef je echt geen wilde capriolen uit te halen... Wachten jullie nog maar een maandje.

WEES VERSTANDIG

Je verloskundige weet hoe het zit met een afspraak maken voor een echo en met doorverwijzingen voor het bloed- en urineonderzoek.

NU JIJ!

Heb je al last van rare zwangerschapstrekjes?

Wat eet je als je zwanger bent?

'Eet, je bent zo mager. In jouw toestand moet je eten voor twee.' Zo spraken onze oma's onze moeders toe, en dat pakte niet altijd even goed uit. Inmiddels denken we er gelukkig anders over. Het gaat niet om hoeveel je eet, maar om wát je eet. Met andere woorden: eet als je zwanger bent niet voor twee, maar wel twee keer zo gezond.

Een kort overzicht van wat je niet mag eten:

- rauw vlees
- rauwe en gerookte vis (dus zeg maar 'dag' tegen sushi en gerookte zalm)
- industrieel verwerkt varkensvlees
- ongewassen fruit en groente (zeker als je niet immuun bent voor toxoplasmose)
- lever
- zeevruchten
- alcohol
- pinda's als er pinda-allergie in je familie voorkomt
- rauwmelkse kazen

Wat moet je minderen:

- koffie
- thee
- te vette en te gekruide of te pittige gerechten
- margarine (bestemd voor mensen met een hoog cholesterolgehalte, niet voor zwangere vrouwen)
- lightproducten en/of producten met zoetstoffen
- alles wat je onder je bed verstopt: koekjes, snoepjes, lekkere broodjes

Houd de komende maanden twee dingen voor ogen:

➔ voorzie je baby van bouwstoffen die hij nodig heeft om zich goed te ontwikkelen (anders maakt hij jouw reserves op);

➔ voorzie je lichaam van de broodnodige energie, vitaminen en mineralen om de klap op te vangen.

Met andere woorden: je hoeft geen speciaal dieet te volgen (tenzij je arts dat voorschrijft), maar neem per dag en op vaste tijden vier tot vijf gevarieerde, evenwichtige en lichte maaltijden. Eet zo min mogelijk tussendoortjes.

Producten die de komende maanden belangrijk zijn:

om een lang verhaal kort te maken, krijg je van ons een overzichtelijke tabel met belangrijke voedingsmiddelen die ervoor zorgen dat je geen belangrijke stoffen tekortkomt. De toppers uit elke categorie staan in paarse letters gedrukt.

	Wat ?	Hoe ?	Ijzer	Zink	Calcium	Magnesium	Goede koolhydraten	Vitamine A	Vitamine B9	Vitamine C	Vitamine D	Pluspunt
GROENTEN • GRANEN	*Doperwten*	*Vers of uit de vriezer*		×								*Vezelrijk*
	Peultjes	*Vers*								×		*Heerlijk als wokgroente*
	Spinazie	*Gebakken of rauw*	×						×			*Voorkomt bloedarmoede*
	Broccoli	*Gestoomd*								×		*Vezelrijk*
	Tomaten	*Zongedroogd op olie*								×		*Het hele jaar door verkrijgbaar!*
	Champignons	*Rauw (en goed gewassen)*									×	*Caloriearm*
	Witte bonen	*In sauzen, salades*	×				×					*Vezelrijk*
	Gele paprika	*Gebakken zonder vel*								×		*Vezelrijk*
	Boterboontjes	*Gebakken*							×			*Vol van smaak*
	Linzen	*In sauzen, salades*	×	×			×		×			*Bevatten meer ijzer dan spinazie*
	Kikkererwten	*In sauzen, salades*	×	×			×		×			*Vezelrijk*
	Gedroogde peulvruchten	*In sauzen, salades*	×				×					*Proteïnerijk*
	Granen	*Volkoren*	×	×		×						*Goed voor het hart en darmstelsel*
	Aardappelen	*Gekookt of uit de oven*					×					*Op veel verschillende manieren te bereiden*
	Rijst	*Warm of koud*					×					*Makkelijk te bereiden*
	Pasta	*Met een scheutje olijfolie*					×					*Maakt op deze manier niet dik*
FRUIT • OLIEHOUDENDE PRODUCTEN • ZADEN	*Citroen*	*Als dressing*								×		*Bevordert de ijzeropname*
	Sinaasappel	*Geperst*								×		*Bevordert de ijzeropname*
	Aardbeien	*Als dessert*								×		*Bevorderen de ijzeropname*
	Grapefruit	*Als voorgerecht*								×		*Bevordert de ijzeropname*
	Gedroogde abrikozen	*Als tussendoortje*	×				×					*Gezonder dan cruesli*
	Gekonfijte gember	*Als tussendoortje*	×				×					*Goed bij misselijkheid*
	Walnoten, amandelen…	*Geroosterd*			×	×						*Bevordert de stoelgang*
	Lijnzaad	*In een salade*	×			×			×			*Rijk aan omega 3*
	Sesamzaad	*Over pasta*	×	×	×	×						*Krachtige antioxidanten*
	Maanzaad	*Over pasta*		×	×	×						*Ontspannend effect*
	Komijnzaad	*Met kaas*			×	×						*Tegen winderigheid*
	Vruchtensap	*Tussendoor*					×			×		*Ter vervanging van frisdrank.*

	Wat?	Hoe?	IJzer	Zink	Calcium	Magnesium	Goede koolhydraten	Vitamine A	Vitamine B9	Vitamine C	Vitamine D	Pluspunt
ZUIVELPRODUCTEN (een bij elke maaltijd)	*Yoghurt*	*Vol en naturel*			×						×	*Goed voor het immuunsysteem*
	Kwark	*Naturel en 20 % vet*			×						×	*Vult zonder dik te maken*
	Roomboter	*In kleine porties*						×				*Bevat antioxidanten*
	Melk	*Magere*			×						×	*Ter vervanging van crème fraîche in soepen*
	Parmezaan	*Stuk of geraspt*			×						×	*Is de minst vette harde kaas*
	Emmentaler	*Stuk of geraspt*			×			×			×	*Helpt bepaalde groenten te verteren*
	Gruyère	*Stuk of geraspt*						×				*Uitstekende bron van eiwitten*
	Comtékaas	*Stuk of geraspt*			×			×			×	*Uitstekende bron van eiwitten*
	Harde kaas	*Stuk of geraspt*			×						×	*Uitstekende bron van eiwitten*
	Edam/Gouda	*Stuk of geraspt*			×			×			×	*Uitstekende bron van eiwitten.*
DIERLIJKE EIWITTEN	*Zalm*	*Roze*	×								×	*Stressverlagende eigenschappen*
	Forel	*Gestoomd*									×	*Goed voor hart en bloedvaten.*
	Heilbot	*Zwart*									×	*Rijk aan omega 3*
	Sardientjes	*Uit blik*	×								×	*Makkelijk in gebruik*
	Haring	*Gemarineerd*						×			×	*Rijk aan omega 3*
	Tonijn	*Uit blik*	×									*Makkelijk in gebruik*
	Makreel	*Uit blik*									×	*Makkelijk in gebruik.*
	Rundvlees	*Gestoofd of gebakken*		×								*Goed voor de bloedvaten.*
	Kalfsvlees	*Schouder*		×								*Mager*
	Lamsvlees	*Bot, spiesjes*		×								*Goed tegen botontkalking*
	Eend	*Gebraden met huid*									×	*Zeer smaakvol*
	Eidooier	*Biologisch*	×					×	×		×	*Op veel manieren te gebruiken*

	Wat?	Hoe?	IJzer	Zink	Calcium	Magnesium	Goede koolhydraten	Vitamine A	Vitamine B9	Vitamine C	Vitamine D	Pluspunt
KRUIDEN • SMAAKMAKERS	*Kaneel*	*Poeder*	×		×							*Goed voor het immuunsysteem*
	Paprika	*Poeder*	×									*Goed voor de bloedsomloop*
	Saffraan	*Draadjes*				×				×		*Verzacht bepaalde pijntjes*
	Koriander	*Zaadjes*	×									*Goed voor de bloedsomloop*
	Laurier	*Blaadjes*	×		×				×			*Een natuurlijk wapen tegen depressie en stress*
	Dragon	*Vers of gedroogd*				×			×			*Goed voor de spijsvertering*
	Munt	*Vers of gedroogd*			×	×						*Goed voor de bloedsomloop*
	Tijm	*Vers of gedroogd*			×				×	×		*Heeft een ontstekingsremmende werking*
	Peterselie	*Vers of gedroogd*			×	×		×	×	×		*Stimuleert het lichaam*
	Basilicum	*Vers of gedroogd*		×	×	×			×	×		*Remt de verkoudheid*
	Rozemarijn	*Vers of gedroogd*							×	×		*Goed voor de bloedsomloop*
	Bieslook	*Vers of gedroogd*		×						×		*Goed voor de spijsvertering*
DIVERSEN	*Chocolade*	*Cacao of als dessert*	×	×		×						*Beter dan Nutella®*
	Suiker	*Met mate*					×					*Minder ongezond dan zoetstoffen*
	Honing	*Met mate*					×					*Uitstekend alternatief voor suiker*
	Jam	*Met mate*					×					*Als alternatief voor wie niet van honing houdt*
	All-Bran® ontbijtgranen	*Als ontbijt of tussendoortje*	×	×		×						*Zet de darmen aan het werk*
	Kikkererwtenmeel	*In pannenkoeken of koekjes*							×			*Bevat weinig vetten*
	Boekweitmeel	*In muffins of koekjes*				×						*Licht verteerbaar en energierijk*

Ehm... natuurlijk betekent dit niet dat je hier niet van af mag wijken (help, m'n chocolade!) of dat je de hele dag op een laurierblaadje moet sabbelen. Zorg er gewoon voor dat je evenwichtig, gevarieerd en licht eet.

VOOR DE HONGERAANVAL

Een dipje halverwege de ochtend of middag? Ga niet lopen snacken, maar maak deze heerlijke energiebom vol goede calorieën.

Voor 1 portie

- *1 banaan*
- *een handje geroosterde walnoten, hazelnoten of cashewnoten*
- *125 g yoghurt (of kwark met 20% vet)*
- *het sap van ½ citroen*

Snijd de banaan in plakjes. Maal de noten fijn. Schep ze door de yoghurt en voeg het citroensap toe.

Geniet met je ogen dicht!

EXTRA VITAMINEN

Hoe vul je al je vitaminen en mineralen in één keer aan? Gewoon, met een groen groentesoepje.

Voor 1 portie
(vries in wat over is)

- *4 courgettes*
- *1 prei met het groen*
- *een klontje boter*
- *2-3 flinke handjes verse spinazie*
- *2-3 flinke handjes sperziebonen, vers of uit de vriezer*
- *1 blokje kippenbouillon*
- *zout en peper*
- *1 el crème fraîche light (naar wens)*

Was en schil de groenten en snijd ze in kleine stukjes.

Bak de courgettes en prei in wat boter. Voeg de spinazie toe. Schep goed om en bak het geheel nog 2 minuten. Zet onder water, voeg het bouillonblokje toe, dek de pan af en laat de soep 30 minuten op laag vuur koken.

Pureer de soep met de staafmixer en breng op smaak met zout en peper. Roer er naar wens een eetlepel crème fraîche (of wat melk) door en geniet.

CALORIEARME ENERGIEBOOST

Bestaat dat? Ja zeker. Deze peulvruchtensalade is daarvan het bewijs.

Voor 1 persoon

- *50 g spliterwten*
- *50 g rode linzen*
- *50 g kikkererwten, uit blik*
- *30 ml olie*
- *1 tl komijnpoeder*
- *1 tl korianderpoeder*
- *1 tl maanzaad*
- *1 teen knoflook, geperst*
- *1 cm gemberwortel, geraspt*
- *½ rode ui, gesnipperd*
- *het sap van 1 citroen*
- *1 el fijn geknipte munt*
- *zout*

Spoel de spliterwten en linzen af en kook ze in twee aparte pannen (de bereidingsduur verschilt) met kokend gezouten water gaar.

Spoel de kikkererwten af met koud water. Verhit wat olie in een koekenpan en bak het komijnpoeder, korianderzaad en maanzaad tot de zaadjes beginnen te knetteren. Bak de knoflook en gember mee tot het mengsel geurig is en neem de pan van het vuur.

Meng de spliterwten, linzen en kikkererwten in een slakom. Schep het kruidige uimengsel erdoor.

Breng op smaak met de resterende olie, het citroensap, de munt en wat zout. Schep de salade goed om en geniet.

Tegen zware benen

Nu je geen liters groene thee kunt drinken (te veel thee kan bloedarmoede veroorzaken), mag je je wel te buiten gaan aan smoothies met rood fruit en munt. Deze hebben een aantoonbaar gunstig effect op de bloedsomloop.

Voor 1 smoothie

- *300 g rood fruit, uit de vriezer*
- *125 g yoghurt*
- *2 el suiker of 1 el honing*
- *2-3 verse muntblaadjes*

Doe het rood fruit, de yoghurt, suiker of honing en munt in de blender. Pureer alles tot de smoothie glad en romig is.

Proef, breng de smoothie eventueel nog wat op smaak en drink hem direct op.

Stoelgang special

Het sleutelwoord om de boel weer op gang te krijgen? Vezels. En dat komt mooi uit, want daar barst deze citrussalade van.

Voor 2 personen

- *1 bakje waterkers*
- *1 kleine krop sla*
- *1 grapefruit*
- *1 sinaasappel*
- *1 el olijfolie*
- *1 el citroensap*
- *zout*
- *4 walnoten, grof gehakt*

Pluk en was de waterkers en sla, en doe ze in een slakom.

Schil de grapefruit en sinaasappel dik, tot op het vruchtvlees, en snijd de partjes tussen de vliezen uit. Schep ze door het groen in de slakom.

Breng de salade op smaak met de olie, het citroensap en wat zout. Schep de stukjes walnoot er voorzichtig door en serveer.

Lekkerbek...

Zin in iets chocoladigs zonder dat je heupen ronder worden? Met deze supervoedzame chocoladesmoothie boordevol voedingsstoffen zit je goed! Alle onderdelen ervan geven je energie.

Voor 1 smoothie

- *1 dl amandelmelk*
- *½ tl kaneel*
- *2 tl cacao*
- *1 tl raw cacao nibs (afdeling 'superfoods' of 'raw food')*
- *2 bananen, gepeld en in plakjes*
- *4 (gedroogde) dadels, in stukjes*

Doe de amandelmelk, kaneel, cacao, cacao nibs, plakjes banaan en dadels in de blender. Pureer alles tot een gladde smoothie.

Ook lekker als oppep-ontbijt! Bananen kunnen helpen tegen ochtendmisselijkheid.

Eventueel kun je de bananen eerst in plakjes snijden en invriezen voor je ze mee pureert – voor een lekkere 'ijsversie' van deze smoothie.

3e MAAND

er is vast niemand die
ziet dat ik mijn spijkerbroek
niet dicht
krijg

WEEK 11

Maand drie is aangebroken... De tijd vliegt voorbij! Alweer meer dan negen weken geleden belandde je in de zevende hemel... Hoe gaat het nu met dat kleine 'dingetje' in je moederschoot? En is het nu al echt een 'dingetje'? Je baby is ongeveer zo groot als je duim en weegt bijna 10 gram. In een week tijd is hij drieënhalf keer zo zwaar geworden. Stel je voor dat jij in een week tijd van 55 naar 190 kilo gaat! En ook zijn lengte is in een paar dagen tijd bijna verdubbeld, van ongeveer 3 naar bijna 6 centimeter. Zijn gezicht lijkt wat minder op dat van E.T.: het hoofdje begint rond te worden, de lippen en neusgaten tekenen zich af en de ogen zijn bedekt met oogleden. Als het een jongetje is, beginnen zijn testikels nu al testosteron aan te maken.

Van top tot teen

Lengte: 5,5 cm
Gewicht: 10 gram

Van embryo naar foetus

Vanaf deze week heet je baby officieel 'foetus'. Waarschijnlijk breng je deze week je eerste bezoek aan de verloskundige, of misschien ben je al geweest. Je krijgt een uitgebreid intakegesprek, je bloeddruk wordt gemeten en je buik wordt uitwendig onderzocht. Tijdens deze eerste controle word je ook geconfronteerd met de weegschaal, de nachtmerrie van veel zwangere vrouwen. Maar helaas, je hebt geen keuze. Als je opeens 5 kilo meer weegt dan thuis, dan klopt dat, want volgens mysterieuze natuurkundige wetten blijkt de weegschaal van artsen en verloskundigen altijd veel gevoeliger dan die van jou te zijn. Dus geen paniek. Je bent echt niet ineens 5 kilo aangekomen. Nog niet althans...

Een gewaarschuwd positiva telt voor twee

• Kun je het echt niet meer voor je houden? Vertel het grote nieuws dan aan je naaste familieleden (en altijd aan beide kanten, dus niet alleen aan één oma, maar ook aan de andere!), maar eigenlijk kun je beter nog een maandje wachten omdat de kans op een miskraam dan aanzienlijk kleiner is.

• Haal regelmatig een frisse neus en drink veel water om een blaasontsteking te voorkomen.

Wees verstandig

Houd je gewicht in de gaten. Je hummeltje mag dan wel groeien als kool, maar jij liever niet al te veel. Idealiter kom je 1-1,2 kilo per maand aan. Maar zo gelijkmatig verloopt het helaas zelden.

Nu jij!

Wie vertel jij het eerst dat je zwanger bent? En wie daarna?

WEEK 12

Je kindje beweegt volop op en neer in je baarmoeder en houdt zijn handjes gebald voor zijn gezicht, als een bokser die klaar is voor de aanval. Door te bewegen verfijnt hij zijn centraal zenuwstelsel en ontwikkelt hij reflexen, zoals de loopreflex, die onmisbaar is voor zijn overleving. In zijn hele lichaampje gebeurt van alles: op het hoofd verschijnen haarzakjes, en in de kaak ontwikkelen zich de volwassen tanden boven de melktanden. Een deskundige kan nu al vaststellen of het een jongetje of meisje is, want de geslachtsorganen zijn duidelijk zichtbaar. De foetus krijgt nu ook stembanden, waar hij over een paar maanden lekker misbruik van kan maken…

Van top tot teen

Lengte: 7,5 cm (ongeveer zo groot als je middelvinger)
Gewicht: 18 gram

Een gewaarschuwd positiva telt voor twee

- Ben je bang om te gefixeerd te raken op je gewicht, weeg je dan maar één keer per maand.
- Grijp bij grote vreetbuien liever naar een appel dan naar een pak koekjes.

Zwangerschapsdementie

Je leest nu al drie keer hetzelfde bericht zonder er een woord van te begrijpen.

Je staart eindeloos naar dat superbelangrijke spoeddossier, maar krijgt het niet voor elkaar om het te openen.

Het kost je een halve dag om je boodschappenlijstje te maken.

Je vergeet zo veel afspraken dat het bijna knap is.

Je stapt standaard in de verkeerde trein.

En wat te denken van je sleutels, mobiele telefoon, zonnebril die je de hele dag kwijt bent. 'O, hij zit op mijn hoofd!' (Je bril dan, hè!)

Maar hoe komt dat dan toch? Door de hormonen, lieve positiva, die in combinatie met slaaptekort en angst een ravage aanrichten in de hersenen van zwangere vrouwen. Het is dus van tijdelijke aard. Je legendarische intelligentie maakt over een paar maanden een overweldigende comeback. Laat het dus maar even gaan. Je hebt immers een goed excuus!

NU JIJ! Over zwangerschapsdementie gesproken... welke opmerkelijke zaken wil jij hierover kwijt?

WEES VERSTANDIG

Laat de termijnecho maken als je dat nog niet gedaan hebt.

Noteer hier alle vragen die je aan de echoscopist wilt stellen.

De eerste echo

Meestal kan de termijnecho via de buik worden gemaakt, maar soms lukt dat niet en is een vaginale echo nodig. En daar lig je dan! Op het zwarte scherm verschijnt een mistige witte sluier... Je ziet allerlei dansende vormen... Het beeld beweegt, trilt... Je concentreert je – maar ziet eigenlijk helemaal niets.

En dan opeens, wow, ontdek je een klein, grappig silhouetje. Je liefje kijkt verkrampt naar het scherm. De paniek slaat toe... Ziet hij er soms twee, of denkt hij dat er een beentje mist? Welnee, het is er maar één, een heel schattig mini-mensje, en met alles erop en eraan. Er biggelt een traan over je wang, en nog een, en dan loop je helemaal leeg... En terwijl jullie elkaar in de armen vallen verzucht je: 'Hebben wij dat gemaakt? Wat is-ie moooooi!!!'

Jullie hebben hem nu gezien. Nu is het echt. Jullie verwachten echt een baby.

Terwijl jullie luidruchtig snotteren gaat de echoscopist onverstoorbaar verder (nee, jullie zijn niet de eersten). Hij controleert:

- de grootte van het kindje, en maakt een betrouwbare berekening van de zwangerschapsduur. Dat kan omdat alle embryo's tussen zes en elf weken vrijwel even groot zijn;
- of de baarmoeder intact is;
- waar de placenta zich bevindt.

Hij verricht allerlei metingen, zoals de hoofdomtrek, de lengte van hoofd tot staartbeentje, en de lengte van het bovenbeen, en checkt de helderheid van het vruchtwater. Dat alles om te controleren of je kindje zich goed ontwikkelt.

Ten slotte luistert hij naar het hartje en jullie kunnen meeluisteren. Emotioneel momentje gegarandeerd!

Plak hier een foto van de echo.

WEEK 13

Het gezichtje lijkt steeds meer op dat van een baby. De darmen zijn zo lang dat ze nog een beetje buiten de buik hangen (geen paniek, binnenkort gaan ze helemaal naar binnen), maar het allerbelangrijkst deze week is de eerste botvorming (ribben en bekken). En verder viert de kleine vooral feest, aan één stuk door. Hij heeft veel ruimte om te bewegen en dat doet hij dan ook. Hij zwaait met zijn kleine handjes en deelt zachte stompjes uit... Daar voel jij nog helemaal niets van, want hij is zo klein als een libel. Hij kan jou daarentegen wel voelen, en als jij je hand zacht op je buik legt, reageert hij daarop. Het schijnt dat hij in dit stadium zelfs al kietelig is!

Van top tot teen

Lengte: 8,5 cm
Gewicht: 28 gram

Een gewaarschuwd positiva telt voor twee

- Slaap niet meer op je buik, want dan druk je de baarmoeder te veel samen. Je baarmoeder is gegroeid van het formaat sinaasappel tot het formaat grapefruit. Op je buik liggen wordt dus sowieso steeds minder comfortabel.

Eenzaam aan de bar

Je bent uitgenodigd voor dat ene feest en denkt: super, nu ben ik nog fit, ik ga het er lekker van nemen! Je wilt nog één keer helemaal los gaan, je hebt je mooi uitgedost, opgemaakt, en iedereen ziet je binnenkomen.

Al snel sta je te swingen op de dansvloer en al snel... heb je buikpijn (ja helaas, nu al). Je laat die *dancing queen*-act dus maar even varen.

Je besluit nog een drankje te bestellen, maar na tien glazen jus d'orange ben je misselijk en verlangend staar je naar de flessen champagne ('Niet doen, niet doen!').

Je zoekt je vriendinnen en die staan allemaal buiten te roken ('Niet doen, niet doen!'). Je weet nog net de zoveelste elleboogstoot tegen je buik te vermijden en duikt dan maar in je eentje de keuken in, waar je neerploft tussen een quiche en een bak chips ('Niet doen, niet doen!'). Je vriendinnen komen uit medelijden bij je zitten en denken dat ze je een plezier doen met babypraat...

Help!!!

Wees verstandig

- Heb je gekozen voor een combinatietest? Zorg dan dat je volgende week of de week daarop terechtkunt voor de nekplooimeting.
- Vertel je leidinggevende dat je zwanger bent (succes!).
- Regel nu al je kraamzorg en een kraampakket. Straks ben je te laat!

Nu jij! Hoe breng jij je wilde avonden door nu wijn en cocktails geen optie meer zijn?

WEEK 14

Je baby'tje maakt nu beenmerg en bloedlichaampjes aan. Bij jongetjes begint het piemeltje te groeien; meisjes ontwikkelen eierstokken en hun geslachtsklieren beginnen hormonen te produceren. De baby krijgt een nek, waardoor het schattige hoofdje mooi vrij komt te staan, en de oogjes staan nu op hun definitieve plek. Een andere mijlpaal: de placenta is helemaal klaar. Vanaf nu vinden alle uitwisselingen tussen jou en je baby via de placenta plaats: het is een soort doorgeefluik voor zuurstof, voeding en afvalstoffen.

Van top tot teen

Lengte: 10 cm
Gewicht: 45 gram (een halve reep chocolade)

Een gewaarschuwd positiva telt voor twee

• Zeg je sportschoolabonnement op en ga in plaats daarvan naar yoga, pilates of ga zwemmen (perfect tegen rugpijn).
Of ga lekker lopen!

Sexy of comfortabel?

Tot nu droeg je misschien nog sexy lingerie, maar inmiddels zit dat waarschijnlijk niet meer zo lekker. Je string schuurt langs je dijen, het elastiek van je kanten hipster drukt in je buik, en de zijkant van je beha irriteert je tepels... Dat is normaal. Dus berg je mooie setjes maar op en koop wat comfortabel ondergoed. Wat het beste is? Lage katoenen slipjes waar je buik heerlijk bovenuit kan groeien, en beha's met brede bandjes en een dubbele sluiting aan de achterkant. Als je borsten in het eerste trimester behoorlijk gegroeid zijn, blijven ze nu een paar weken rustig, maar daarna nemen ze weer toe. Dus een tip: koop nog geen zwangerschapsbeha, want misschien eindig je wel met een flinke E-cup!

Wees verstandig

- Heb je problemen bij het vrijen ('Hoezo? Is dat niet riskant, dan?'), neem dan contact op met je huisarts.
- Eet evenwichtig. Je baby haalt zijn vitaminen en mineralen direct uit jouw bloed, waardoor jij risico op bloedarmoede loopt (zie belangrijke producten op blz. 31-33).

Nu jij! Boodschappenlijstje. Welke kledingstukken moet je absoluut vervangen als je binnenkort niet uit je naden wilt barsten?

WEEK 15

Het blijft maar groeien en bewegen daarbinnen! Dankzij zijn mooie nieuwe gewrichten kan je baby zijn vingertjes, ellebogen en knieën buigen en zijn polsen en tenen bewegen...
Rond deze periode proberen sommige baby's te zuigen... meestal in het niets. Hij ontwikkelt melanine (huidpigment) en krijgt een licht kleurtje. Er ontstaat een primitief opname- en afscheidingssysteem. De afvalstoffen verlaten via de placenta het lichaam van de foetus. De plas die in het vruchtwater terechtkomt, bestaat daarom grotendeels uit water. En daar drinkt hij van. Vind je dat een vies idee? Dat snappen we wel een beetje.

Van top tot teen

Lengte: 12 cm
Gewicht: 65 gram

Een gewaarschuwd positiva telt voor twee

• Als je bang bent om je omgeving voortdurend te overstelpen met al je zwangerschapsdetails, kun je ook een blog bijhouden!

'Ik heb goed nieuws...'

Dat je leidinggevende niet zo blij is, verbaast je misschien niets, want hij houdt nu eenmaal niet van onvoorziene veranderingen. Terwijl jij toch echt niet de eerste bent die... Nou ja, laat maar.

Wat je misschien wel verbaast, is de reactie van je omgeving. In plaats van 'Wauw te gek, ik ben heel erg blij voor je!' kun je (ook) rekenen op:

- 'Wat? Op jouw leeftijd, je bent gek! Straks moet je nog negen maanden met je benen omhoog op bed liggen!' (tegen 35-plussers)
- 'Wat? Op jouw leeftijd? Weet je wel waar je aan begint?' (als je jonger dan 25 bent)
- 'Alweer?'
- 'Nu al?'
- 'Straks lijk je nog op een olifant!' (als je dun bent)
- 'Goh, dat had ik echt niet meer verwacht!'
- 'Dat dacht ik al, ik geloofde helemaal niets van die Spa rood-kuur.'
- 'Maar jullie zouden toch uit elkaar gaan?'
- 'Ach arme ziel, hoe moet dat nu verder?' (als je een tweeling verwacht)

Inderdaad, het aankondigen van een zwangerschap leidt niet altijd tot euforie. Bereid je daarom maar voor op gevoelloze reacties.

Wees verstandig

Neem contact op met de huisarts als je een branderig gevoel bij het plassen hebt of als je afscheiding vreemd is.

Nu jij!

Het hoge woord is eruit. Viel tante Annie flauw? Moest opa huilen?

Hoe overleef je kleine zwangerschapskwaaltjes?

Misselijkheid

Het einde van de derde maand luidt meestal het eind van de misselijkheid in. Hier volgen enkele tips om deze in de tussentijd te lijf te gaan.

- Poets je tanden met tandpasta met aardbeiensmaak (of zonder tandpasta) als je misselijk wordt van pepermuntgeur.
- Eet gekonfijte gember.
- Drink een beetje 'echte' cola zonder prik.
- Kijk of een armbandje tegen reisziekte helpt.
- Drink zo min mogelijk cafeïnehoudende dranken.
- Eet geen vette of pittige gerechten. Kies liever producten met een neutrale of frisse smaak, zoals wit vlees, pasta, rijst, yoghurt, grapefruit, ananas, aardbeien, appels...
- Drink na de maaltijd een glas warm water met een schijfje citroen.
- Eet als tussendoortje fruit.
- Masseer het midden van je pols, vlak onder je hand.
- Zet in de winter de verwarming niet al te hoog (19-20 °C).
- Probeer te ontspannen, want misselijkheid kan het gevolg zijn van spanning en angst.
- Probeer homeopathische geneesmiddelen of osteopathie. Acupunctuur en reflextherapie worden tijdens de zwangerschap afgeraden. Dat is jammer, want zij zijn waanzinnig doeltreffend.

Eén troost: misselijkheid is een goed teken. Het betekent dat vanbinnen alles goed gaat. Maar daar heb je nu niks aan, hè? Burp.

Pijnlijke borsten

Schaf voordat je een zwangerschapsbeha koopt eerst een sportbeha met brede bandjes aan:
- voor voldoende steun;
- om te zorgen dat je liefje niet aan je borsten komt (let maar op, dit werkt fantastisch).

Draag hem dag en nacht. (Wel af en toe wassen, hè!)

Aambeien

Blijf hier vooral niet mee rondlopen, want dan krijg je er alleen maar meer last van. Bovendien heb je echt geen zin om op handen en knieën bij een specialist te eindigen. Wat moet je doen?

- Probeer zoveel mogelijk te liggen.
- Draag geen strings maar katoenen broekjes.
- Reinig het pijnlijke gebied na elke wc-beurt goed met vochtige watten (niet door de wc spoelen!): wc-papier zorgt voor nog meer irritatie. Breng daarna een speciale aambeienzalf aan. Bewaar deze in de koelkast voor een extra verzachtend effect.
- Neem meerdere keren per dag een warm zitbadje van een kwartier en duim ondertussen dat het werkt. Maar ook kou verlicht de pijn, dus kun je ook koude kompressen gebruiken. Kijk wat voor jou het beste werkt.
- Eet of drink geen thee, koffie of pittige specerijen meer: deze verergeren de pijn.
- Zorg voor zachte ontlasting: drink veel water en eet veel vezels.
- Slik in overleg met je huisarts pijnstillers.
- En onthoud, als schrale troost, dat je zeker niet de enige bent die hier last van heeft!

Constipatie

Na een paar weken worden je darmen net zo lui als jij. Dit komt door de grote hoeveelheid progesteron en door de baby die er tegenaan drukt.

- Drink veel water.
- Eet veel fruit, met name gedroogde abrikozen en pruimen.
- Eet volkorenbrood, zilvervliesrijst en volkorenpasta.
- Als je echt verstopt zit, kun je de dag beginnen met een kom volkoren ontbijtgranen (All-Bran® werkt super).
- Probeer een homeopathisch middel.

Zelfs bij lichte klachten moet je snel actie ondernemen. Je loopt anders het risico op aambeien en zelfs trombose, en dat doet pas echt verschrikkelijk veel pijn.

4e MAAND

WEEK 16

Aan het begin van deze vierde maand begint het skelet van je baby stevig te worden. De bewegingen die je kindje maakt, bestaan niet meer alleen uit reflexen, maar worden nu ook door zijn hersenen gestuurd. Hij heeft soms de hik zonder dat jij dat doorhebt, want voorlopig voel je nog niets. Zijn immuunsysteem treedt in werking, ook al wordt hij vooralsnog door jouw hormonen beschermd via de placenta.
Sinds vorige week is hij behoorlijk aangekomen, en van ongeveer 60 naar ruim 100 gram gegaan. Nog even en hij heeft vetrolletjes! Zou hij daarom nu zijn wenkbrauwtjes fronsen?
De beentjes en armpjes worden langer en dat is nog maar het begin (wacht maar tot hij een puber is!).
Meestal zitten de darmen nu helemaal in de buik en beginnen de organen samen te werken. Als de echoscopist niet al te bijziend is, kan hij je nu vertellen of het een meisje of een jongetje is.

Van top tot teen

Lengte: 14 cm
Gewicht: 110 gram

Een nieuw hoofdstuk… genieten maar!

De eerste reden om nu blij te zijn: alle kwaaltjes en ongemakken van het eerste trimester, zijn (tijdelijk) voorbij. Dus als je maag zich nu al drie maanden binnenstebuiten keert, jij jezelf voortsleept alsof je vol kalmeringspillen zit, je het IQ van Pamela Anderson hebt, je tijdens het lachen ineens in huilen uitbarst, je maar blijft switchen tussen rijst en All-Bran®, je overal pijntjes hebt, je constant moet plassen, je zo ongeveer dood gekeken wordt als je om een zitplaats vraagt in de bus of voordringt bij de kassa… dan kun je nu opgelucht ademhalen. De allerfijnste periode van je zwangerschap is aangebroken. Je zit goed in je vel en kunt nu volop genieten van alle voordelen (aandacht, attenties, verwennerij). Je bent nu echt 'in blijde verwachting'!

De tweede reden om blij te zijn: je baby is nu (normaal gesproken) door de gevaarlijkste periode heen, en als je wilt kun je nu weten of je roze of blauwe verf moet kopen.

Goh, je zou er bijna een fles champagne op ontkurken… Een glaasje water dan maar?

Nu jij!

Heb je al een rondleiding op de kraamafdeling van het ziekenhuis gehad? Wat was je ervaring?

Een gewaarschuwd positiva telt voor twee

- **Je bent in topvorm, dus neem het ervan!**

WEEK 17

Je baby wordt zich op een heel primitieve manier bewust van zijn verschillende lichaamsdelen. Hardnekkig probeert hij zijn handjes te pakken. Hij lijkt steeds meer op een baby, doordat de verhoudingen van het gezichtje nu helemaal kloppen: alles zit op zijn plek. De huid is nog dun en doorschijnend. Hij drinkt vruchtwater, spuugt het weer uit (zo'n 5 dl per etmaal) en traint zo het opheffen en intrekken van de borstkas, een reflex die nodig is om later te kunnen ademen.

Van top tot teen

Lengte: 16 cm
Gewicht: 135 gram

Een gewaarschuwd positiva telt voor twee

• Als dit je tweede, derde of misschien wel achtste zwangerschap is, kun je je kindje nu waarschijnlijk voelen. Bij de eerste baby duurt dit wat langer. Ja, het is niet eerlijk.

‘Help! Er zit een alien in mijn buik!’

Vannacht werd je badend in het zweet wakker, met dichtgeknepen keel, een bonkend hart en half in tranen. Je had een nachtmerrie.

Of je krijgt het doodsbenauwd als je denkt aan al die sigaretten die je gerookt hebt toen je nog niet wist dat je zwanger was.

Of je kunt jezelf wel voor het hoofd slaan omdat je afgelopen zaterdag toch bezweek voor een slokje champagne.

Geen paniek, dat is allemaal normaal. Net als alle andere vrouwen ben je bang dat je een kindje krijgt dat door jouw schuld schade heeft opgelopen. Of misschien komt het omdat je de uitslag van de nekplooimeting nog niet hebt gehad.

Onthoud maar dat ze tijdens de eerste echo al heel veel kunnen beoordelen, zoals de helderheid van het vruchtwater, de vorm van de handjes, de grootte van het hoofdje. Dus als de eerste echo goed was, hoef je je nu geen zorgen te maken.

Nu jij!

Hoe voel je je nu?

Wees verstandig

- Tweede bezoek aan de verloskundige.
- Bloed- en urineonderzoek.

Noteer hier alle vragen voor je verloskundige of gynaecoloog:

WEEK 18

Je baby groeit maar door en zijn gezichtje wordt voller! In een week tijd is zijn gewicht verdubbeld. Aan weerszijden van het hoofdje zit een prachtig oortje en hoewel zijn ogen nog dichtzitten, is hij toch al gevoelig voor licht. De wenkbrauwen beginnen zich af te tekenen. De oren vangen geluid op maar zijn hersenen kunnen dit nog niet plaatsen. Het lichaam raakt bedekt met een beschermend donslaagje dat 'lanugo' wordt genoemd. Dat valt er vlak voor de geboorte af (pfff). In de longen, die als laatste orgaan rijpen, verschijnen kleine longblaasjes, en in de toppen van zijn vingers en tenen ontstaan tastcellen. En heel grappig: hij trekt nu al allerlei gekke gezichten.

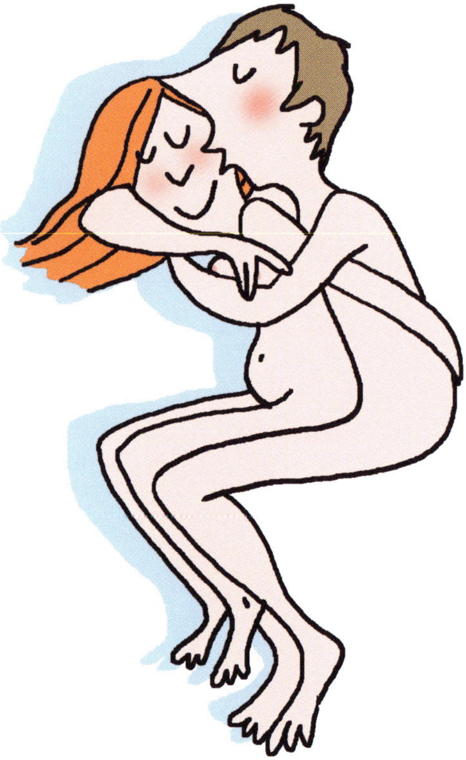

Van top tot teen

Lengte: 17,5 cm
Gewicht: 160 gram

Bedpret

Het eerste trimester stond waarschijnlijk niet in het teken van de seksuele extase als je vreselijk moe en misselijk was. En na je borsten begint je lichaam nu aan alle kanten uit te dijen. Dat is niet alleen voor jou, maar ook voor je partner behoorlijk oncomfortabel...

Vergeet daarom de klassieke missionarishouding, want dan zit je buik te veel in de weg. Probeer nieuwe houdingen te ontdekken. De gouden regel luidt: ontwijk de buik. Trek je benen op of steek ze, als je lenig bent, recht in de lucht en laat je partner maar al het werk doen. De lepeltjeshouding, waarbij je partner achter je komt liggen, is ook een optie. En natuurlijk kun je ook bovenop kruipen. Vermijd in elk geval al te riskante spelletjes waarbij je van je bolle buik een stootkussen maakt.

Daarnaast kun je natuurlijk kussen, strelen, masseren (niet de buik!), likken en friemelen...

Heb je nog steeds geen zin? Wist je dat een betere doorbloeding van de tepels en vagina tijdens de zwangerschap het plezier tien keer zo intens maakt? Informatie of indoctrinatie? Zoek dat zelf maar fijn uit!

Een gewaarschuwd positiva telt voor twee

• Normaliter moet je steeds vaker naar de wc. Zorg voor een soepele stoelgang (dit voorkomt ook aambeien). Eet daarom veel vezels, dus vers en gedroogd fruit, gedroogde peulvruchten (linzen en kikkererwten, maar geen bonen: daar word je winderig van!) en volkorengraanproducten (brood, pasta, rijst, ontbijtgranen).

Wees verstandig

Bespreek eventuele 'harde buiken' met je verloskundige. Deze zijn heel normaal en als je geen ontsluiting hebt, kunnen ze in principe geen kwaad.

Nu jij!

Boodschappenlijstje...
Waar heb je zin in?

WEEK 19

De zenuwen van je baby bevatten steeds meer myeline, een substantie die boodschappen via de zenuwbanen vervoert. Hierdoor kan je kindje steeds soepeler en meer gecoördineerd bewegen. Jij kunt daarentegen urenlang stil op de bank liggen zonder daar iets van te voelen. Ja, reuze-irritant.
Het huidje van je baby is nog steeds doorschijnend en alle blauwe adertjes schemeren erdoorheen. Er gebeurt een hoop in zijn buikje: de blindedarm ontwikkelt zich en de darmen vullen zich langzaam met meconium, zijn toekomstige eerste ontlasting.

Van top tot teen

Lengte: 19 cm
Gewicht: 200 gram

Een gewaarschuwd positiva telt voor twee

- Drinken, drinken en nog eens drinken... ook al moet je de hele dag plassen. Je lichaam heeft veel vocht nodig, wat bovendien heel goed is voor de stoelgang.

Koopziek...

Nu je je weer goed voelt, wil je maar één ding: de winkels aflopen voor mooie zwangerschapskleding om de hele wereld te laten zien dat je in verwachting bent. Maar in 95 procent van de gevallen zie je er in dit stadium in zwangerschapskleding juist uit alsof je iets te verbergen hebt.

Wacht daarom nog even. Laat de knoop van je spijkerbroek openstaan en draag er een tuniekje over, trek een overhemd van de aanstaande vader aan, koop een broek die twee maten groter dan normaal is, of schaf juist een baggy met lage taille aan.

En dood je tijd op de kinderafdeling van een groot warenhuis... maar dan wel zonder een cent op zak te hebben!

NO-GO POSITIEKLEDING

- Witte leggings
- Grote, vormeloze, verwassen T-shirts
- Strakke tops met brede horizontale strepen
- Overgooiers
- Badslippers...

NU JIJ!

HOE BLIJF JE ONDANKS ALLES MOOI?

Het leven is oneerlijk. Je beste vriendin zag er stralend en glimmend uit tijdens de zwangerschap, terwijl jij jezelf moet voortslepen, je haar plat zit en je wallen onder je ogen hebt. En jawel, ook jij glimt, maar dan van het zweet. Maar kop op, ga nu niet bij de pakken neerzitten. Laten we samen de schade beperken en ons voordeel doen met de adviezen van onze vriendinnen Anne, Esmee, Mila en vele anderen.

- Gebruik doucheschuim zonder zeep.
- Spoel je voeten, benen en billen na het douchen met koud water af.
- Gebruik elke dag biologische zonnebrandcrème met ten minste beschermingsfactor 15 in de stad en 40 aan zee of in de bergen. Zo voorkom je dat je een 'zwangerschapsmasker' krijgt. Na zes maanden mag je helemaal niet meer in de zon.
- Koop een concealer om je wallen en andere tekenen van vermoeidheid op je gezicht te maskeren: kraaienpootjes, rimpels, groefjes bij je mond. Gebruik je geen make-up, doe dan in elk geval wat mascara op voor een frisse blik.
- Laat je wenkbrauwen epileren en modeleren, borstel de haartjes naar boven en geef je blik zo een oppepper.
- Doe wat blush op je jukbeenderen. De juiste kleur? *Bois de rose* (L'Oréal Paris, nr. 145).
- Smeer je lichaam in met amandelolie, met name de risicozones: borsten, buik, billen, heupen, dijen. Die olie is net zo effectief als alle andere speciale zwangerschapscrèmes en bovendien veel goedkoper. Uiteindelijk heb je er behoorlijk wat van nodig.
- Doe zoveel mogelijk dutjes.
- Verwen jezelf (baden, mild scrubben, een opwekkend maskertje) of bedel bij je liefje om een speciaal wellness-arrangement voor aanstaande moeders.
- Creëer rustmomenten (ga bijvoorbeeld op yoga, zwangerschapsgymnastiek).
- Koop een rozenkrans en bid tot de lieve heer dat je huid niet aan alle kanten barst aan het eind van je zwangerschap.

Speciaal voor papa

Nee, je lieve schat lijdt niet aan chronische winderigheid. Ze barst uit haar spijkerbroek omdat er een baby in haar buik ronddartelt. En over een paar dagen, misschien zelfs een paar uur, ga jij ook kennis met hem (of haar) maken.

Om je op bepaalde momenten minder machteloos te voelen hebben we een aantal adviezen voor je op een rijtje gezet.

- Als je partner ineens vergaat van de pijn en zegt dat jullie NU moeten gaan of er NU een verloskundige moet komen, reageer dan direct: laat je koffie staan, stop met gamen, kom onder de douche vandaan...

- Als je naar het ziekenhuis moet, rijd dan flink door, maar rijd ook weer niet te hard, zeker niet op rotondes. En haal ook je voet even van het gaspedaal als je een drempel over moet.

- Krijgt je partner het bij het ziekenhuis niet voor elkaar om uit de auto te komen, roep dan niet dat ze gemakzuchtig is, maar help even en regel een rolstoel.

- Als de leerling-verpleegkundige voor de vijfde keer probeert om het infuus te plaatsen, verman je dan en moedig haar aan: 'Kom op, Cindy, je kunt het!'

- Onderzoekt de arts of verloskundige jouw liefje op een plek die tot dusver uitsluitend tot jouw privédomein behoorde, vertrek dan geen spier. Sterker nog, bereid je er geestelijk maar op voor dat er de komende uren nog meer mensen een blik op zullen werpen.

- Als je partner vergaat van de pijn en schreeuwt om een ruggenprik die niet beschikbaar is, troost haar dan, ook al scheldt ze je de huid vol.

- Wees moedig, ook al heb je er moeite mee om bij de bevalling te zijn. Niemand zal je vastbinden aan het voeteneinde van het bed of je verbieden om even een kop koffie te gaan drinken.

- Vergaat ze echt van de pijn (want ja, die wordt steeds heviger), laat haar dan maar flink in je arm knijpen zonder dat je er iets van zegt. Sterker nog: blijf haar lief aankijken.

- Als het hoofdje verschijnt maar je het moeilijk vindt om het hele proces live te aanschouwen, ga dan bij het hoofdeinde staan en fluister je partner bemoedigende woorden toe.

- Het is helemaal prima om een traan te laten zodra de baby er is en te vervallen in clichés als 'het is de allermooiste baby van de hele wereld'.

- Je hoeft de placenta echt niet als souvenir mee naar huis te nemen!

5e MAAND

WEEK 20

De vijfde maand is van start gegaan. Je baby lijkt steeds meer op een klein mensje en laat nu zijn donshaartjes, haren en nagels groeien. De huid wordt dikker. Er verschijnen lijnen op zijn handpalmen en hij krijgt vingerafdrukken. Zijn hartje werkt op volle toeren. Je bent al halverwege je zwangerschap, maar je kindje weegt niet meer dan een pakje boter. Kun je nagaan hoe hard hij de komende tijd gaat groeien! Dat piepkleine wezentje beschikt over al bijna 14 miljard zenuwcellen. Je vraagt je af waar hij ze laat. Dat betekent dat er verbindingen mogelijk zijn, verbindingen die later het geheugen en de gedachten reguleren.

Van top tot teen

Lengte: 20 cm
Gewicht: 240 gram

Een gewaarschuwd positiva telt voor twee

- Let goed op jezelf en waarschuw je arts of verloskundige bij verontrustende veranderingen.

Superpapa!

De dag waarop je je schat vertelde dat hij papa werd, heeft hij direct via internet een hele collectie zwangerschapsboeken besteld.

Nog voor je je ogen 's morgens open hebt, is hij al druk in de weer met je ontbijt en helpt je daarna, zoef zoef, met aankleden.

Je hoeft thuis helemaal niets meer te doen, hij schuift zelfs je bord bij je op schoot terwijl je voor de buis hangt.

Hij brengt je naar je werk en haalt je 's avonds weer op, zodat je niet met het openbaar vervoer hoeft.

Hij let goed op wat je eet en heeft alles waar je je stiekem aan kunt vergrijpen, weggegooid.

Hij gaat mee naar elke controle en je schaamt je dood voor al zijn vragen.

Hij showt je als een zeldzaam dier aan iedereen.

Hij keek je boos aan toen je laatst terugkwam van het sporten (terwijl je juist aerobics voor aquagym had verruild).

Dus wees lief voor hem en geniet, want ook dat is maar tijdelijk. Laat je nu maar lekker vertroetelen.

Wees verstandig

Maak een afspraak voor de 20 wekenecho (zie blz. 76). Deze moet tussen week 18 en 22 plaatsvinden.

Nu jij!

En hoe gaat het met de Superpapa bij jullie thuis?

WEEK 21

Je baby is nu halverwege zijn conceptie en zijn intocht in de wereld. Hij slaapt enorm veel, wel 16 tot 20 uur per dag. Als hij wakker is, is hij een en al activiteit. En dan ineens valt hij weer uitgeput in slaap. Wat een zwaar leventje! Je baby drinkt nu vruchtwater (en dus ook alles wat hij daarin afscheidt). Hij leert zo om vocht in te slikken en traint zijn spijsverteringsstelsel. Zijn smaakpapillen hebben zich ontwikkeld en zijn tastzin breidt zich uit: hij zuigt op zijn duimpje, streelt zijn gezicht en frunnikt aan zijn navelstreng, want dat schijnt hij fijn te vinden!

Van top tot teen

Lengte: 21,5 cm
Gewicht: 335 gram

Een gewaarschuwd positiva telt voor twee

- Stem je vakantie af op je zwangerschap en je lichamelijke toestand.
- Zet je toiletradar op scherp: kijk waar je komt altijd eerst waar de wc is.

Hallo hallo, Aarde aan Baby

De natuur zit knap in elkaar. Om de kwaaltjes en zorgen die in dit boek staan goed te doorstaan, ervaar je ook grote momenten van geluk. Vanaf maand vijf voel je je kindje bewegen en kun je met hem communiceren. Streel je buik als je hem voelt dartelen, praat tegen hem of zing een liedje zodat hij je stem leert kennen. Je hoeft heus niet de hele top vijftig na te galmen: een paar lieve wiegeliedjes die je later voor hem wilt zingen, is prima (en het werkt wonderlijk genoeg ook nog!)

Je kunt een cursus haptonomie volgen, een manier voor ouders en het kindje om met elkaar vertrouwd te raken. Vooral voor de vader, die de baby niet de hele dag door voelt, is dat een fijne manier om bewust contact te leggen. Dit is ook een goed moment om te starten met zwangerschapsyoga.

NU JIJ! De ideale speellijst die je baby laat wennen aan jouw lievelingsmuziek:

WEES VERSTANDIG

Leer goed ademen. Ga op de grond liggen, trek je benen iets op, houd je rug plat op de grond en adem rustig in door je neus, naar je buik, en adem door je mond uit terwijl je buik weer langzaam inzakt. Doe dit een paar keer achter elkaar, het liefst zo vaak mogelijk.

WEEK

22

De baby, of het nu een jongen of een meisje is, krijgt nu twee tepeltjes. Bij een meisje ontwikkelt zich de vaginaholte. De testikels van de jongetjes dalen langzaam in en produceren een soort primitief sperma.
Maar deze week gebeurt er vooral veel in het hoofdje: de hersenen groeien stevig door en er ontstaan steeds betere verbindingen. Zo hoort je kindje nu steeds beter geluiden van buiten je lichaam (gesprekken, harde geluiden, muziek...).
De huid, die nog steeds dikker wordt, is nu rood, gerimpeld en nog steeds bedekt met een laagje dons (lanugo).

Een gewaarschuwd positiva telt voor twee

- Als je te veel vocht vasthoudt (met name in je vingers en voeten), gebruik dan minder zout en laat de dokter controleren of je geen oedeem (een overmatige ophoping van vocht in het weefsel tussen je lichaamscellen in) hebt.

Van top tot teen

Lengte: 22,5 cm
Gewicht: 385 gram

Ik heb honger!!!

Dat zou je kindje de hele dag roepen als hij kon praten. Telkens als jij eet is het net of die kleine veelvraat alles onderweg onderschept. Je hebt zo vaak trek dat het is alsof hij direct na het eten alweer aan de navelstreng trekt om het volgende maal te bestellen.

Even onder ons, dat is heel normaal, want uiteindelijk verbrand je nu zo'n 600 calorieën extra per dag. Dat is ongeveer evenveel als vier boterhammen met chocopasta, of anderhalve Bounty, of vier kleine zakjes chips.

Stop! Vergeet de woorden 'Bounty' en 'chips' onmiddellijk, want dan bezwijk je en word je in maand 7 aan de schandpaal genageld met een bord om je nek waarop staat: 'Al meer dan 25 kilo aangekomen!'

NU JIJ! Hoe gaat het daarbinnen? Voel je de baby al bewegen?

WEES VERSTANDIG

- Heb je al een afspraak voor de 20 wekenecho gemaakt? (zie blz. 76)
- Heb je de kraamzorg nu echt geregeld?

Noteer hier alle vragen die je bij de 20 wekenecho wilt stellen

WEEK 23

Alles wat je op een gegeven moment moet afknippen, groeit nu hard door: de donshaartjes op het hoofdje, de nageltjes van zijn handjes en voetjes. Maar goed, hij lijkt nog lang niet op een yeti. (Op zijn veertiende misschien wel...) Ondertussen zuigt hij als een bezetene op zijn duim. Zo leert hij goed zuigen, dus maak je nog maar niet druk over de orthodontist. Hij luistert nu voortdurend, met name naar jou: naar de zachte klanken van je stem, het kloppen van je hart, het geluid van het bloed dat door je aderen ruist, maar ook naar minder verfijnde geluiden, zoals het geborrel van je maag.

Van top tot teen

Lengte: 24 cm
Gewicht: 440 gram

Een gewaarschuwd positiva telt voor twee

• Je benen zijn nu je risicogebied (spataderen, jeuk, vochtophoping). Loop daarom veel en leg zo mogelijk tijdens het werk je benen op een stoel.

‘Wanneer mag ik eindelijk stoppen?’

Het is zover, je bent het zat om:

- twee keer per dag de bus of trein te nemen en steeds om een zitplaats te moeten smeken;
- je buik te laten pletten door de menigte;
- hijgend de trap op te lopen alsof je de Himalaya beklimt;
- je baas chagrijnig rond te zien lopen omdat hij nog geen vervanger voor je heeft gevonden (je bent namelijk onvervangbaar...);
- steeds geconfronteerd te worden met je gezellig samen koffiedrinkende en rokende collega’s;
- te puffen van de hitte omdat de verwarming veel te hoog staat voor jou;
- te wachten op de middagpauze terwijl je om elf uur al sterft van de honger;
- weer dat kopje koffie met die peuk af te moeten slaan;
- je nergens op te kunnen concentreren tussen twee en vier uur;
- steeds slapende handen te hebben waardoor je amper kunt typen;
- aan het eind van de dag olifantenpoten te hebben.

Maar het is bijna over...
Je hoeft nog maar een week of tien vol te houden.

Wees verstandig

Zoek een zwangerschapscursus die goed bij je past.

Nu jij!

Hoe zit het met je vreetbuien? Verlang je naar ongezonde snacks of juist naar aardbeien?

WEEK 24

Deze week treedt operatie 'maximale bescherming' in werking. De huid van je baby is de afgelopen periode flink wat dikker geworden en is nu bedekt met een dikke laag wit huidsmeer (vernix caseosa) dat de huid beschermt tegen uitdroging in het vruchtwater. Zijn huidje wordt nu helemaal glad. Hij heeft wimpers, en de iris van zijn oogjes begint pigment te krijgen, maar pas over een jaar staat de definitieve kleur vast.
Je kindje maakt nu regelmatige ademhalingsbewegingen, ook al zijn de longetjes nog lang niet rijp.
Deze week is extra belangrijk omdat je baby nu, dankzij technische en medische technieken, buiten de baarmoeder levensvatbaar is. Maar zonder enige twijfel is hij natuurlijk nog veel beter af in jouw buik!

Van top tot teen

Lengte: 26 cm
Gewicht: 500 gram

Een gewaarschuwd positiva telt voor twee

- Als de echoscopist tijdens het onderzoek een tijdje niets zegt, raak dan niet meteen in paniek: hij of zij concentreert zich.

NESPRESSO

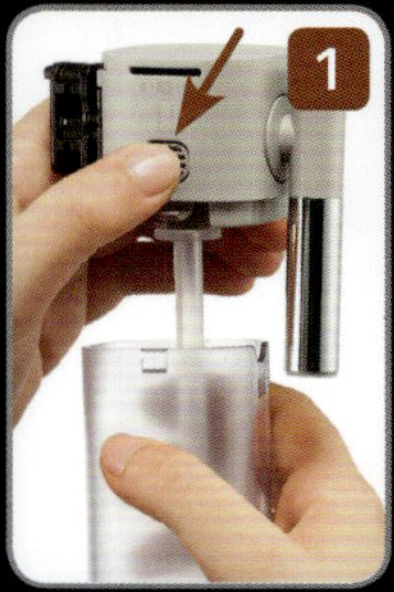

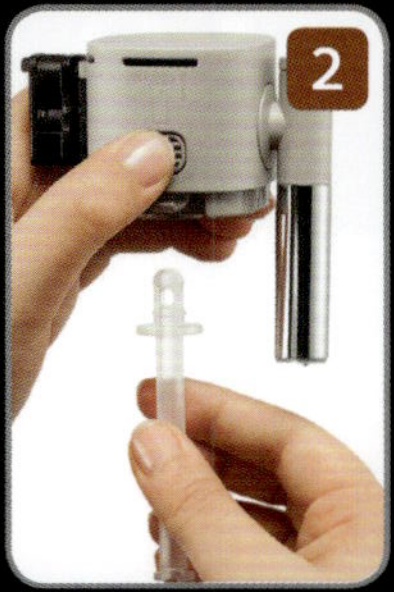

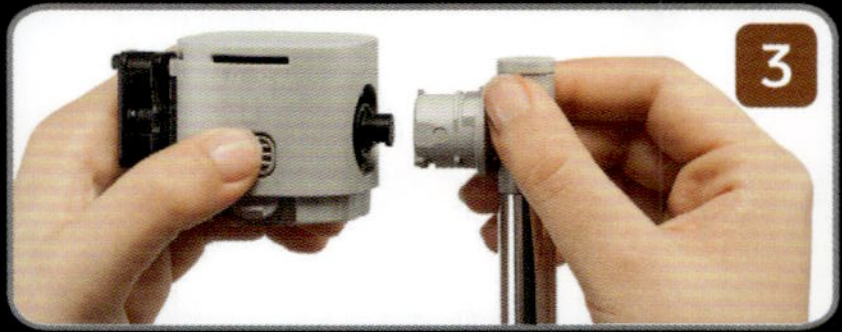

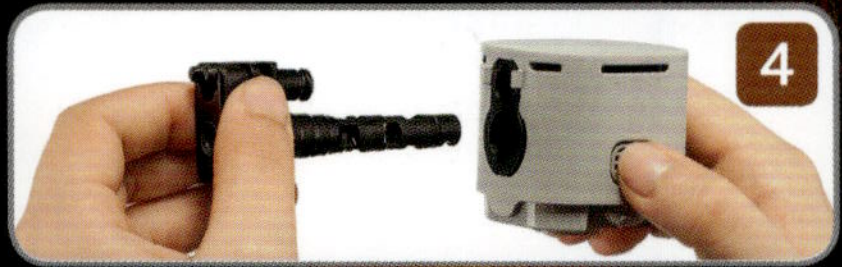

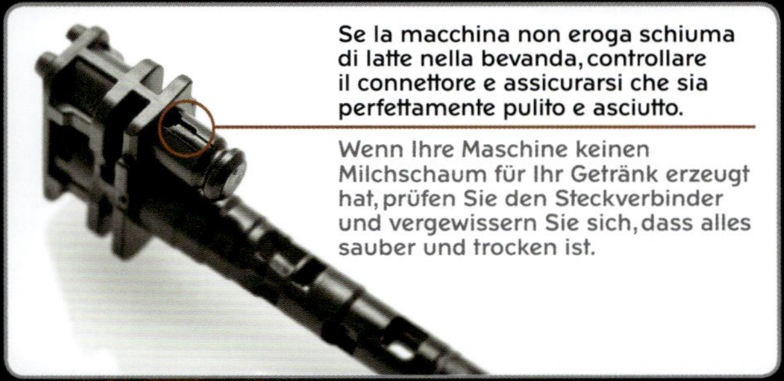

Se la macchina non eroga schiuma di latte nella bevanda, controllare il connettore e assicurarsi che sia perfettamente pulito e asciutto.

Wenn Ihre Maschine keinen Milchschaum für Ihr Getränk erzeugt hat, prüfen Sie den Steckverbinder und vergewissern Sie sich, dass alles sauber und trocken ist.

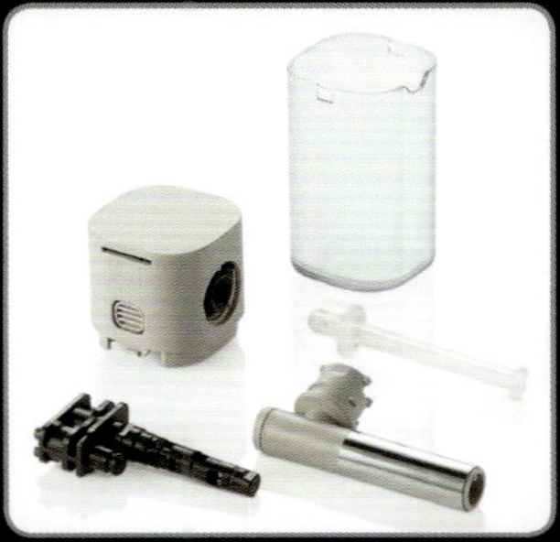

I passaggi corretti per un'esperienza perfetta

Il sistema Rapid Cappuccino deve essere pulito dopo ogni preparazione, in lavastoviglie oppure con acqua calda e un detersivo delicato (consultare il manuale utente per ulteriori informazioni).

Assicurarsi che tutte le parti vengano smontate **premendo il tasto sul lato** e pulite correttamente:

1. Rimuovere il coperchio del contenitore del latte
2. Rimuovere il tubo di aspirazione del latte
3. Rimuovere l'erogatore del latte
4. Rimuovere il connettore del vapore

Risciacquare e asciugare tutti i componenti e riassemblarli.

Die richtigen Schritte für ein perfektes Milchschaumerlebnis

Nach jeder Zubereitung muss das Rapid Cappuccino System entweder in der Spülmaschine oder mit heißem Wasser mit mildem Reinigungsmittel gereinigt werden (weitere Informationen finden Sie in der Bedienungsanleitung).

Sorgen Sie dafür, dass alle Teile **durch Drücken der seitlichen Taste** abmontiert und gründlich gereinigt werden:

1. Entfernen Sie den Deckel des Milchbehälters
2. Entfernen Sie den Milchansaugschlauch
3. Entfernen Sie den Milchspender
4. Entfernen Sie den Dampf-Steckverbinder

Spülen Sie alle Teile ab, trocknen Sie diese und bauen Sie die Teile wieder zusammen.

DēLonghi

5713237771_00_0218

NESPRESSO®

If your machine has not delivered milk foam in your beverage, check the connector and make sure it is perfectly clean and dry.

Si votre machine n'a pas versé de mousse de lait dans la boisson, vérifiez le connecteur et assurez-vous qu'il soit parfaitement propre et sec.

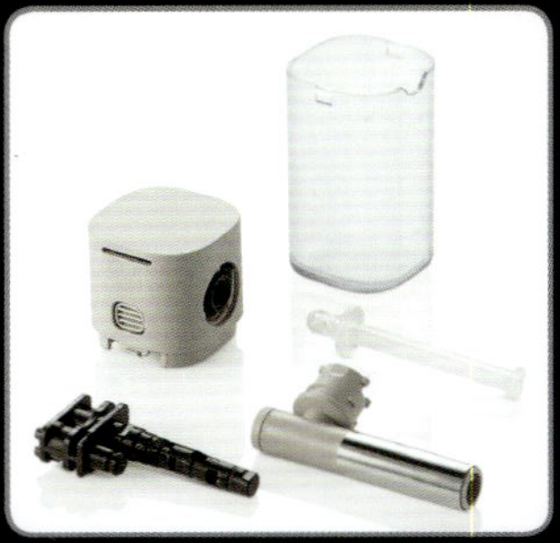

The right steps for a perfect milk experience

Rapid Cappuccino System must be cleaned after each preparation either in the dishwasher or in hot water with gentle detergent (please refer to the user manual for further information).

Make sure all parts are dismantled, **by pushing the button on the side**, and cleaned properly:

1. Remove milk container lid
2. Remove milk aspiration tube
3. Remove milk spout
4. Remove steam connector

Rinse and dry all parts and re-assemble it.

La bonne démarche pour une parfaite expérience lait

Le système Rapid Cappuccino doit être nettoyé après chaque préparation soit au lave-vaisselle, soit à l'eau chaude et au détergent doux (voir le mode d'emploi pour de plus amples informations).

Assurez-vous que toutes les pièces soient démontées, **en poussant le bouton sur le côté**, et convenablement nettoyées :

1. Retirez le couvercle de la carafe à lait
2. Retirez le tuyau d'aspiration à lait
3. Retirez l'embout à lait
4. Retirez le connecteur à vapeur

Rincez et séchez toutes les pièces puis remontez-les.

DēLonghi

Vals alarm of niet?

Terwijl je met je vriendin zit te sms'en, voel je opeens je buik hard worden. Paniek, paniek. Wat als dat nu al een wee is? Laat het alsjeblieft niet waar zijn!

Misschien is het wel een wee, maar dat is in dit stadium niet per se ernstig. Je buik is gewoon aan het werk. Deze 'oefenweeën' (of Braxton-Hicks-contracties) doen geen pijn en duren ongeveer dertig seconden. Doe in die tijd wat ademhalingsoefeningen of ga rustig een boek lezen om je focus te verleggen.

Als ze regelmatig en pijnlijk worden en bovendien langer aanhouden, is het verstandig om contact op te nemen met je verloskundige of gynaecoloog. Misschien moet je rust nemen, of wil je baby nu toch al een frisse neus halen.

Wees verstandig

Laat de 20 wekenecho maken.

Noteer hier je vragen naar aanleiding van je tweede echo:

Nu jij! Wat deed de tweede echo met je?

De 20 wekenecho

Tijdens de zwangerschap is de eerste echo vaak een termijnecho op advies van de verloskundige – om de exacte zwangerschapsduur vast te stellen – en kun je als zwangere zelf kiezen of je (ook) de 20 weken-echo wilt laten doen, die eventuele lichamelijke afwijkingen aan het licht kan brengen die op de eerste echo nog niet te zien waren.

Tijdens deze echo kun je ook te weten komen of je zwanger bent van een jongetje of een meisje. Je moet hier echter wel specifiek naar vragen. Maar als de kleine koppig zijn rug naar jullie toekeert of zijn beentjes over elkaar houdt, wordt het lastig!

Wil je dat het geslacht een verrassing blijft, zeg dan niet om de minuut dat je het niet wilt weten, want de echoscopist kan in al zijn enthousiasme ook blunderen en opmerkingen maken als: 'Het is goed te zien! Wil je het weten?' Want wat ze dan zien, is meestal toch een piemeltje.

De echoscopist bekijkt verder of alle organen op de juiste plek zitten en geen afwijkingen vertonen, of de darmen zich in de buikholte bevinden en of de baby goed groeit. Hij meet de omvang van het hoofd en de romp. Daarna bekijkt hij de rug, hersenen, de lengte van het dijbeen, de snelheid waarmee het bloed door de navelstreng en aderen stroomt, de placenta, enz.

En jij ziet ondertussen dat kleine mensje trappelen, lekker ronddobberen, een handje naar zijn mondje brengen, slikken of lekker slapen.

Plak hier een foto van de echo.

Hippoliet

Een voornaam kiezen…

De eerste weken heb je je nog in kunnen houden, maar nu je trots rond paradeert met je mooie buik en alle stoplichten op groen staan, denk je er voortdurend aan… Max of Boudewijn? Julia of Anouk? Terwijl je altijd dacht te weten hoe je je kind zou gaan noemen ('Als ik ooit een dochter krijg, noem ik haar Eva'), ben je daar ineens niet meer zo zeker van.

- Je probeerde het onderwerp al een paar keer te bespreken met je partner, die je daarop vragend aankeek ('Wat wil ze nu precies?'). Tja, het is en blijft een man. En die vraag je ook niet om zes maanden van tevoren een vakantie te organiseren. Hij kan dat ook prima op het laatste moment.

Dus pak dit rustig aan. Stimuleer hem om vijf namen die in hem opkomen op te schrijven. Leg jullie lijstjes ter vergelijking naast elkaar. Het zou natuurlijk prachtig zijn als ze elkaar overlappen, maar zie dit vooral als een beginpunt: mythologische grootheden, grote klassiekers, Amerikaanse acteurs of juist niet…

- Zorg dat voor- en achternaam en initialen geen 'schaamnamen' opleveren (Beau ter Ham, K. Bouter).

- Vergeet niet dat dit kleine wezentje op een dag leert schrijven, dus denk goed na of je hem wilt traumatiseren met een erg ingewikkelde dubbele voornaam, een naam met moeilijke letters of een exotische spelling…

- Vermijd te fantasierijke voornamen met een te vergezochte spelling die niemand ooit onthoudt.

- Vergeet ook niet dat dit kleine mensje uiteindelijk een volwassene en misschien wel opperhoofd van het sterrenstelsel wordt. Schattig is leuk, maar kinderachtig niet. Dus liever geen Vlinder of Otje die ooit vijftig jaar wordt.

- Geen gekunstelde samenstellingen als Tiger-Lily, Ramses-Alexander, La-Georgia, Sage Moonblood, Bleubell Madonna. Een hoofdprijs in deze categorie gaat naar de bassist van Fall Out Boy, die zijn zoon Bronx Mowgli Wentz of afgekort BMW noemde…

- Vermijd voornamen die synoniem staan voor een groot collectief trauma, zoals Adolf.

	Jouw favoriete voornamen	Zijn favoriete voornamen
MEISJESNAMEN	Mina	Nina
	Nina	Juliette
	Marie	
	Mila	
	Juliette	
	Lilly	
	Elena	
	Lyla	
JONGENSNAMEN	Arthur	Lou
	Louis (Lou)	Arthur
	Leon	Leon
	Moris	Moris
	Jules	
	Thur	
	Achiel	
	Maurice	
	Emile	
	Jona	

Na rijp beraad...

Een meisje noemen we	Een jongen noemen we

6e MAAND

WEEK 25

Deze week kent twee kernwoorden: vernix caseosa en lanugo. Beide hebben dezelfde functie: het beschermen van de babyhuid. Het eerste laagje wordt steeds dikker en het andere steeds voller. Gelukkig zit de natuur goed in elkaar en beval je daarom niet van een teddybeertje, maar eerder van een vertederend garnaaltje. Maar laten we niet verder afdwalen, maar focussen op je prachtige foetus van bijna zes maanden. De bekabeling in zijn hoofd vordert snel en dat is maar goed ook, want wat heb je aan hersencellen die niet met elkaar verbonden zijn? In het tandvlees ontwikkelen zich tanden, zodat hij op een dag een stralende lach heeft. En ten slotte buitelt de kleine ondeugd flink door je buik nu het nog kan, want binnenkort wordt het daar veel te krap voor. Je voelt je kindje nu goed. Vooral als je wilt slapen. Hij maakt wel twintig tot zestig bewegingen per halfuur, dus ja, het is een drukte van jewelste daarbinnen!

Van top tot teen

Lengte: 28 cm
Gewicht: 560 gram

Plan B voor fashionistas

Eindelijk weet je zeker dat alles goed gaat, je bent voor honderd procent zwanger, eindelijk kun je losgaan in positiewinkeltjes. Maar dan slaat de schrik je om het hart. 'Wat? 80 euro voor een tuniekje dat ik hooguit vier maanden draag!' 'Hè? 120 euro?' 'Argh, ook alweer 150 euro!' Je zou zo failliet kunnen gaan aan die tijdelijke garderobe.

Gelukkig is er voor elke positiva een plan B, sterker nog, er zijn er wel meerdere. Vergeet de gespecialiseerde boetiekjes en loop de grote ketens af. Die hebben bijna allemaal een positieafdeling met een goed gesorteerde, hippe en betaalbare collectie (H&M, V&D, C&A, Bijenkorf...). Ben je *queen of vintage*, kijk dan bij tweedehandswinkels of zoek internet af.

Bespaar geld door eenvoudige, effen broeken aan te schaffen en leef je voor weinig geld uit op de tops (mét decolleté uiteraard, het is nu of nooit!).

Een gewaarschuwd positiva telt voor twee

• Bespreek de namenkwestie met je liefje en als hij aan komt zetten met Ronaldo, Voldemort, Godelina, of Rolls en Royce of Jip en Janneke voor een tweeling, ga dan bij hem weg. Grapje natuurlijk, maar zorg wel dat hij zijn lijstje (zie blz. 78) ophoest.

Wees verstandig

Train je perineum. Dit is bevorderlijk voor zowel de bevalling als de seks erna. Wat je moet doen, is simpel. Stel je voor dat je aan het plassen bent en de straal probeert te onderbreken. Laat dan weer los en span weer aan. Doe dit tien keer achter elkaar. Je kunt dit op elk willekeurig moment van de dag doen (alhoewel misschien liever niet achter het stuur).

Nu jij!

Wat is je favoriete zwangerschapsoutfit?

WEEK 26

Deze week zijn de nagelbedden van de vingertjes en teentjes volledig bedekt met nageltjes. Maar echt super is baby's reactie op aanrakingen en geluiden: bij harde geluiden springt hij op (sla dus maar niet met een lepel op een pan). Hij kan onderscheid maken tussen willekeurige geluiden en gesprekken. En, helemaal geweldig: hij herkent jouw stem al perfect! Dus aai hem als je hem tegen je buik voelt duwen, en praat tegen hem of zing een liedje... Zo heb je nu al heerlijke, intieme momenten.

Van top tot teen

Lengte: 30 cm
Gewicht: 650 gram

Een gewaarschuwd positiva telt voor twee

• Poets je tanden niet te hard en voorkom zo te veel bloedend tandvlees.

• Als je pijn in je onderrug hebt, kantel je bekken dan zo vaak mogelijk naar voren en gooi je hakken in de kast. Lang leve de sneakers.

De tweede ronde...

Er gaat niets boven zwanger zijn. Wat een vreugde!

Maar soms heeft je lichaam het zwaar te verduren: je schildklier slaat op hol, de druk in je aderen stijgt waardoor je spataderen krijgt, je onderste ribben worden in elkaar gedrukt, je middenrif zit te hoog, je darmen zijn lui, je organen zetten op, je benen veranderen in steunpilaren, je onderrug is gammel, je hormonen oververhit, je bloeddruk verstoord... Je komt er niet zonder kleerscheuren af.

We voelen met je mee en houden het daarom kort. Vanaf nu kun je het volgende verwachten:

- je zweet als een otter (vanwege je schildklieren);
- je hebt last van bloedend tandvlees of bloedneuzen, aambeien, spataderen, zere aderen in je bovenbenen, zware benen, jeuk in je ledematen (vanwege de bloedtoename);
- je bent kortademig alsof je al jaren een kettingroker bent;
- je bent duizelig of hebt af en toe het idee dat je tegen de vlakte gaat;
- je hebt last van maagzuur (als gevolg van progesteron);
- je moet continu plassen;
- je slaapt onrustig;
- je hebt last van kramp, overmatige lichaamsbeharing, cellulitis, een uitpuilende navel, lekkende tepels...

NU JIJ!

Jouw eigen trucjes om je goed te voelen...

WEEK 27

De ontwikkeling van de verbindingen tussen de hersencellen gaat door: er ontstaan zenuwen en de hersenen vormen al hele netwerken. Dit vertaalt zich in nog meer bewegingen en sensaties in je buik! Het gezicht van je baby is nu helemaal af. De huid blijft dikker worden en is nu aan de buitenkant volledig bedekt met huidsmeer. Wat wordt hij mooi... en intelligent (net als zijn moeder!). Je baarmoeder is nu ongeveer zo groot als een voetbal. Het is dus logisch dat je moeite hebt met bukken – en nog meer met opstaan!

Van top tot teen

Lengte: 32 cm
Gewicht: 750 gram

EEN GEWAARSCHUWD POSITIVA TELT VOOR TWEE

• Je bent weer actiever, wat vermoeidheid kan veroorzaken. Neem voldoende rust.

Een kostbare zaak

Je staat even stil voor de ingang, neemt een grote hap lucht, en zet dan met kloppend hart verlegen je voet over de drempel. De winkel is waanzinnig groot. Overal staan rijen en rekken vol wiegen, speelgoed, knuffels, zuigflessen, serviesgoed, kinderwagens, bedden... Het doet bijna pijn aan je ogen!

De verkoopster ruikt haar prooi al op twintig meter afstand en werpt vakkundig haar vangnet uit. Dit varkentje heeft ze al veel vaker gewassen. De termen, details en technieken vliegen je om de oren terwijl jij alleen maar op zoek dacht te zijn naar een wiegje.

Tja, wat zal ik zeggen. Dat het niet zo simpel is als je dacht. En dan hebben we het nog niet eens over de pijnlijke rekening die je te wachten staat. Stop je bankpas dus maar ver weg, maak notities en denk er thuis nog eens even rustig over na (zie blz. 126). Vraag je vriendinnen, zus, collega's om advies en kijk of er geen voordeligere oplossingen zijn (rommelmarkt, Marktplaats, tweedehands, eBay, enz.).

Maar nu je toch in die babywinkel bent, kun je net zo goed een kraamlijstje aanleggen met zinvolle en onmisbare artikelen (en voorkom zo de hopeloze cadeaus van tante Joke en haar vriendinnen van de macraméclub).

Nu jij!

Maak een opzetje voor je kraamlijst.

Wees verstandig

Laat je bloed prikken. De verloskundige of gynaecoloog zal je hiervoor doorverwijzen. Hierbij worden bloedarmoede, suiker en indien nodig antistoffen op bloedgroepen gecontroleerd.

Noteer hier alle vragen voor je verloskundige:

WEEK 28

Ondanks het laagje lanugo en huidsmeer schijnen de adertjes nog door het transparante huidje heen, waardoor de baby er flink rood uitziet. Er zijn nog aardig wat stappen nodig om het schoonheidsideaal te bereiken.
Je kindje begint nu een beetje vet te kweken. Een ander belangrijk detail is het ivoor dat een laagje glazuur op zijn toekomstige tanden vormt. Say cheeeeese!
Je baby plast. Omdat hij nog geen luier om heeft, doet hij dat rechtstreeks in het vruchtwater dat hij ook drinkt. Dat laatste doet hij voor het goede doel: het stimuleert de vorming van de longblaasjes. Wat zit de natuur toch mooi in elkaar!

Van top tot teen

Lengte: 33 cm
Gewicht: 870 gram

Zwangerschapsgym, zwangerschapsyoga zwangerschaps-wafwaf?

Je hebt inmiddels waarschijnlijk uitgezocht welke zwangerschapscursussen er bij jou in de buurt gegeven worden en gekeken welke het best bij jou past:

• de traditionele cursus die je leert hijgen als een hondje en waar je niets aan hebt;
• de ontspannende cursus in de vorm van yoga of psychoprofylaxe;
• de conceptuele cursus: in het water, hypnobirthing, met zang (zwangles)...

Het maakt niet uit, ze zijn allemaal bedoeld om je zo goed mogelijk voor te bereiden op de bevallingsmarathon die je voor de boeg hebt.

Naast informatie over de technische aspecten (natuurlijk past het, daar is het voor gemaakt) krijg je ook veel tips: ga zus liggen, ga zo staan, adem op deze manier in, adem op die manier uit. Eén tip van ons: maak het niet te ingewikkeld voor jezelf, want in het heetst van de strijd vergeet je toch bijna alles ('Ik wil dat je hem er núúúúú uithaalt!'). Een zwangerschapscursus zorgt ervoor dat je je waarschijnlijk iets beter kunt ontspannen en net iets meer zelfvertrouwen hebt dan een onvoorbereide positiva. Een goed verstaander heeft maar een half woord nodig...

NU JIJ! Nu jij! Welke cursussen overweeg je te gaan doen?

EEN GEWAARSCHUWD POSITIVA TELT VOOR TWEE

• Heb je pijn in je rug, kantel dan je bekken naar voren. Probeer eens met een kussen tussen je knieën te slapen.

• Bescherm je in de zomer goed tegen de zon: gebruik een crème met een hoge beschermingsfactor, een zonnehoed en zonnebril om een zwangerschapsmasker te voorkomen. Een tekort aan vitamine D? Eet vette vis en zuivelproducten (zie blz. 32).

• Is het je tot op heden gelukt om de heilige 1-kilo-per-maand niet te overschrijden? Vanaf nu wordt dat moeilijker, want in theorie kom je nu 350-400 gram per week aan.

• Misschien wil je geen zwangerschapscursus doen, maar wil je wel een rondleiding op de kraamafdeling van het ziekenhuis?

Borstvoeding of niet?

Nu je met een dikke buik rondloopt, word je waarschijnlijk ook geconfronteerd met opmerkingen en indiscrete vragen waar je helemaal wanhopig van wordt. Zoals telkens weer de vraag of je borstvoeding gaat geven. Natuurlijk beslis je zelf of je daarop ingaat, maar zo gek is die vraag in dit stadium niet.

Het is de moeite waard om hier al vrij vroeg over na te denken, want misschien moet het idee eerst even rijpen. Als borstvoeding je aanspreekt, kun je een borstvoedingscursus volgen. Die is allereerst ontwikkeld om informatie en tips te krijgen (houding van de baby, hoe weet je of je kindje voldoende binnenkrijgt, hoe leg je je kindje goed aan...). Daarnaast geeft zo'n cursus vooral stof tot nadenken want niets is zo onzeker als het geven van borstvoeding: het kan fantastisch gaan of een enorm gedoe zijn. Maar zolang je het niet geprobeerd hebt, weet je niet in welke categorie jij thuishoort. Als je in de toekomst kon kijken, was de keuze gauw gemaakt.

➔ Ondertussen kun je je verdiepen in de informatie hiernaast. Daarin hebben we alle voor- en nadelen van zowel borst- als flesvoeding op een rijtje gezet. Je kunt de lijstjes zelf aanvullen.

BORST

- *Altijd beschikbaar.*
- *Gratis.*
- *Je hebt een fantastisch decolleté.*
- *Moedermelk is lichter verteerbaar dan flesvoeding.*
- *Versterkt het moederinstinct.*
- *Beschermt de baby tegen ziekten (dankzij de antilichamen van de moeder).*
- *Altijd op de juiste temperatuur.*
- *Leert de baby wennen aan verschillende smaken.*
- *Je raakt je overtollige kilo's sneller kwijt!*

FLESVOEDING

- *De vader wordt gelijk bij de voeding betrokken (vooral 's nachts handig!).*
- *Je weet precies hoeveel je baby binnenkrijgt.*
- *Iemand kan je aflossen, dus je kunt vrij snel weer op pad met je vriendinnen.*
- *Je zit sneller op vier voedingen per dag.*
- *Je hebt sneller weer zin in seks.*

- *De opstartfase kan wat moeizaam en pijnlijk zijn.*
- *Moet heel vaak in het begin, dus erg vermoeiend.*
- *Papa mag niet aan je decolleté komen.*
- *Je moet een beetje letten op wat je eet.*
- *Je weet niet precies hoeveel de baby binnenkrijgt.*

- *Het is duur (circa 800 euro per jaar!).*
- *Je moet de flessen steriliseren, klaarmaken, verwarmen...*
- *Je moet er veel spullen voor aanschaffen.*
- *De melk is niet altijd en overal meteen beschikbaar en op temperatuur zodra je baby begint te huilen.*

En, ben je er al uit? Misschien is het voor jou een lastige keuze. Daarom is het goed om er nu al over na te denken. Bespreek het met je partner, want ook al zijn het jouw borsten, het is toch ook wel een beetje zijn zaak.

Als je daarentegen zweert bij flesvoeding (ook al is dit je eerste kindje en weet je dat nog niet), laat je dan niet uit het veld slaan. Laat je niet intimideren en geen schuldgevoelens aanpraten. Laat iedereen maar lekker het zijne ervan denken. Punt. Het is geen discussiepunt. En daar hoef je je niet voor te schamen. De wereld barst van de mooie en gezonde kinderen die met de fles zijn grootgebracht.

En ter afronding willen we graag nog een prachtige opmerking van een vriendin van ons, die haar beide dochtertjes borstvoeding heeft gegeven, met je delen: 'Als je zin hebt om borstvoeding te geven, dan twijfel je geen seconde. Je voelt het gewoon... Dus als je allerlei twijfels hebt, dan voel je het gewoon niet!'

7e MAAND

WEEK 29

Je baby was al een paar weken levensvatbaar, maar nu kunnen zijn hersenen het grootste deel van het lichaam zelf aansturen. Natuurlijk is hij in dit stadium nog steeds beter af in de warme en veilige baarmoeder van zijn mama. Als hij besluit dat hij je nu al wil zien, moet hij toch nog een tijdje in de couveuse doorbrengen. De vorming van myeline (een beschermend laagje om de zenuwvezels) is al een paar weken aan de gang, waardoor het zenuwstelsel steeds beter werkt. Die ontwikkeling gaat zeker de komende twintig jaar nog door!

Van top tot teen

Lengte: 34 cm
Gewicht: 1 kilo

Een gewaarschuwd positiva telt voor twee

- Stop met sporten als je niet veel eerder dan de uitgerekende datum wilt bevallen. Ga liever iets ontspannends doen.
- Probeer goed te slapen. Koop oordoppen, een slaapmasker en een voedingskussen waar je lekker tegenaan kunt kruipen. Slaap je 's nachts niet goed, probeer dan een middagdutje te doen.

Een wandelende kermisattractie...

Een paar weken geleden droomde je nog dat iedereen 'het kon zien', dat niemand meer bang was om een flater te slaan ('is ze nu aangekomen of zwanger?'), dat iedereen begripvol voor je opstond in bus of trein... Kortom, dat je officieel onderdeel was van dit op handen gedragen, speciale ras van aanstaande moeders.

En nu het eindelijk zover is, stelt iedereen je opeens misplaatste vragen ('Hoeveel zitten er wel niet in?' of 'Welke cupmaat heb je nu?'). En in plaats van naar je ogen kijken ze alleen nog maar naar je buik. Of erger: ze betasten je zonder je goedkeuring te vragen. Ja, lieve positiva, als je eenmaal een bezienswaardigheid bent, moet je ook alles verdragen wat daarbij komt kijken: een overdosis belangstelling en aanrakingen waar je weleens bloednerveus van kunt worden...

Dus wil je niet te pas en te onpas aangeraakt worden, beken dan duidelijk kleur en zeg het, of trek een T-shirt aan met bijvoorbeeld de tekst 'niet aankomen' erop, of oefen je dreigendste *Kill Bill*-blik. Laat desnoods grommend je tanden zien!

NU JIJ! Noteer hier de dodelijke opmerkingen waarmee je lastpakken terugslaat...

WEES VERSTANDIG

Schrijf je nu in voor een zwangerschapscursus als je dat nog niet gedaan hebt. Zelfs als dit niet je eerste kindje is, kan het geen kwaad om de boel nog eens goed door te nemen!

WEEK 30

Je baby slaat steeds meer vet op en begint nu mooi rond te worden. De kleine donshaartjes beginnen los te laten. De grootste veranderingen vinden nog steeds plaats in de hersenen, die maar blijven groeien en de schedelbotten uit elkaar drukken. Geen paniek, die zijn daarop voorbereid. De hersenen sturen nu de ademhaling aan, die steeds regelmatiger wordt, en kunnen inmiddels ook de lichaamstemperatuur reguleren. Nu de hersenschors tot rijping komt, ervaart je kindje gevoelens en treedt het geheugen in werking. Dat verklaart waarom baby's rustig worden van liedjes die ze voor de geboorte al hoorden. Dat wordt dus zingen geblazen!

Van top tot teen

Lengte: 35 cm
Gewicht: 1,2 kilo

Een gewaarschuwd positiva telt voor twee

• Ga niet te ver van huis (tenzij je een levenslang gratis abonnement wilt als dank voor het bevallen in de trein).

Vervreemding

Je herkent hem echt niet meer. Jarenlang heeft hij geroepen dat hij een erfgenaam wilde en nu lijkt je zwangerschap hem nauwelijks iets te doen. Af en toe streelt hij vluchtig je buik, als ware het een soort verplichting. Of erger nog: hij is gespannen, snel geïrriteerd en onverdraagzaam, als hij thuis is tenminste, want hij is wel erg veel buiten de deur.

Wat gebeurt er eigenlijk in zijn hoofd? Daar leeft een hoop angst, ook al is hij zich daar zelf niet zo heel bewust van. In grote lijnen is hij bang:

- dat de baby niet normaal is;
- dat jullie naar het ziekenhuis moeten (voor de grote slachtpartij);
- om dezelfde fouten te maken als zijn vader;
- dat al die kilo's van jou er niet meer af gaan;
- dat je nooit meer met hem naar bed wilt;
- dat je voor 100 procent mama wordt;
- voor de kosten die dit allemaal met zich meebrengt.

Als hij bij elke gesprekspoging daarover dichtklapt als een oester, kun je een van zijn vrienden vragen om eens met hem te praten. Koop een humoristisch en nuchter boekje voor aanstaande vaders of wijs hem op websites over *daddy blues*... En heb geduld, het gaat over, als jij tenminste ook een beetje je best doet. Maar dat is weer een heel ander verhaal!

WEES VERSTANDIG

Begin met je zwangerschapscursus, en als je liefje geen zin heeft om mee te gaan, vraag hem dan of hij bijvoorbeeld wil uitzoeken of er voor de geboorte nog administratieve zaken afgehandeld moeten worden.

Noteer hier alle vragen die je tijdens je zwangerschapscursus wilt stellen:

WEEK 31

Je baby zit steeds krapper in je buik en koppeltjeduiken of trampolinespringen is er voor hem nu echt niet meer bij. Hij kan inmiddels wel stevig schoppen en heeft soms flink de hik, dus vergeten doe je hem zeker niet! Zijn ogen zijn omlijst met mooie wimpertjes, en als hij ze opent, verschijnen zijn donkerblauwe kijkers. Hij kan nu ook proeven en bloemkool van chocoladevla onderscheiden (nou ja, bijna dan...). Alle organen functioneren, behalve de longen en de darmen, die nog niet helemaal ontwikkeld zijn.

Van top tot teen

Lengte: 36 cm
Gewicht: 1,3 kilo

Een gewaarschuwd positiva telt voor twee

• Nog even ter herinnering maar belangrijker dan ooit: was alle groente en fruit goed, laat vlees goed koken, laat rauwmelkse kazen staan en blijf vooral ver van de kattenbak en van hondendrollen in verband met toxoplasmose.

'Wat een dikke, dikke buik!'

Je bent in de zwarte zone van de zwangerschap beland en van het kijken naar een pak koekjes kom je al aan. Je weet niet meer wat je moet aantrekken om je lekker te voelen. En bij sommigen barst ineens de huid, ondanks al die liters olie (ah, die zwangerschapsstriemen...). De kleinste inspanning (de wasmachine laden, naar de bakker gaan, de trap op lopen) vereist het grootste doorzettingsvermogen. Mensen reageren helemaal niet leuk, maar slaan je met duizend-en-een pijnlijke opmerkingen om de oren: 'Wat ben jij dik zeg!', 'Je bent zeker over de uitgerekende datum?', 'Dat je nog vooruitkomt met zo'n buik!', 'Wil je m'n kruiwagen lenen?', 'Let eens op wat je eet.'

Dit is de periode waarin jij echt, maar dan ook echt wilt dat iedereen je met rust laat!

NU JIJ!

De 'to do'-list voor je naderende zwangerschapsverlof!

WEES VERSTANDIG

Ga met het bloedprikformulier van de verloskundige naar het lab om je ijzer- en suikergehalte te laten testen.

Noteer hier alle vragen voor je verloskundige:

WEEK 32

Het voorplantingssysteem van meisjes is nu vrijwel af en bevat een verbluffend aantal eicellen van topkwaliteit (grofweg een paar miljoen). Overleving van de soort verplicht...
Het voortplantingssysteem van jongens is ook volmaakt, en de testikels beginnen aan hun lange afdaling naar de balzak.
Je baby is nu zo groot dat hij de hele baarmoeder vult. Geen paniek: niettemin kan hij nog steeds doorgroeien (en jij dus ook...). Omdat je kindje niet veel meer kan bewegen, zuigt hij fanatiek op zijn duim en leeft zich op deze manier uit. En meestal, als hij op tijd en niet te lui is, ligt hij nu met zijn hoofdje onder, klaar om deze mooie wereld te veroveren.

Van top tot teen

Lengte: 37 cm
Gewicht: 1,5 kilo

Een gewaarschuwd positiva telt voor twee

- Echofoto's vervagen; scan ze daarom.

De spanning stijgt...

Je zit nog steeds in een voornamenimpasse, met aan de ene zijde Hercules ('Hoe haalt hij het in zijn hoofd?') en aan de andere zijde Pieter-Jan ('Waarom zo klassiek?').

En je partner weigert nog steeds om mee te gaan naar de zwangerschapscursus.

Hij maakt ook onaardige opmerkingen over je gewicht terwijl hij zelf vadsig is geworden.

En je flipt bij de gedachte aan al het werk en de vermoeidheid die je te wachten staan, maar je durft de heikele kwestie van de taakverdeling nog niet aan te kaarten...

Kortom, je kunt geen kant uit door zijn onvolwassen houding. Hij grijpt elke gelegenheid aan om met zijn vrienden op pad te gaan, brengt het weekend in bed voor de buis door, belt zijn moeder drie keer per dag, eet met zijn handen, bestelt alleen maar pizza's...

Is dat een aanstaande vader? Een klein kind is het! Met een dikke pens. Dat is pas echt beangstigend.

Succes, de finish is in zicht. De komst van de baby zal hem waarschijnlijk in één klap volwassen maken.

Nu jij!

Hoe zie jij je bevalling voor je?

Wees verstandig

Doe lekker rustig aan.

Heb je klachten of vragen die je met je verloskundige wilt bespreken?

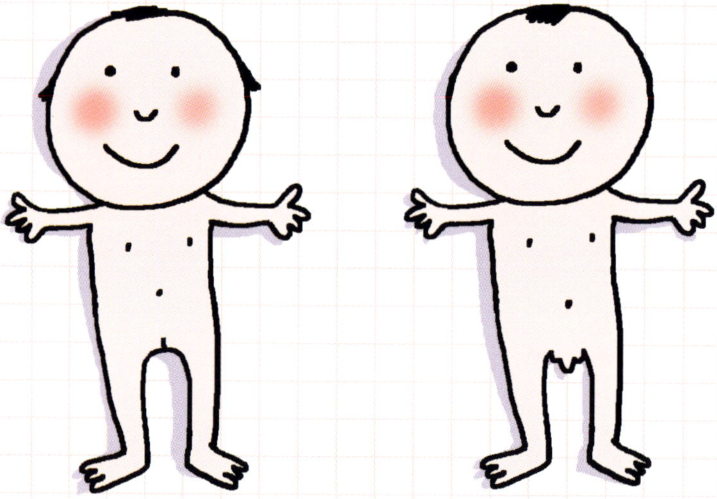

Derde echo

(voor Belgische zwangere positiva's) Theoretisch gezien is dit de laatste afspraak met je baby voordat je hem in het echt kunt bewonderen. Deze keer zul je hem maar in kleine stukjes zien. Hij is namelijk zo groot geworden dat hij niet meer op het scherm past. Wat een verschil met dat kleine hummeltje van enkele maanden geleden!

Het is ook een gelegenheid om zijn piemeltje te zien, voor het geval hij dat bij de vorige echo verborgen had gehouden. Dat kan natuurlijk opnieuw gebeuren. Dus tenzij de gynaecoloog meteen het juiste plekje te pakken heeft, zul je geen antwoord krijgen op de vraag of je vrienden en familie je mogen bestoken met spullen van Hello Kitty™ of Pokémon™.

De gynaecoloog zal nagaan of je baby goed groeit, of je baarmoederhals goed gesloten is, of de placenta en navelstreng goed geplaatst zijn en of het hoofdje naar beneden ligt – allemaal bedoeld om de bevalling zo vlot mogelijk te laten verlopen.

Daarnaast zal de gynaecoloog ook metingen uitvoeren, complexe berekeningen maken en het gewicht inschatten (goeie grap!). Als je te horen krijgt dat je een zware baby hebt, raak dan niet in paniek. Het is niet bepaald een exacte wetenschap en veel vrouwen die te horen kregen dat ze van een sumoworstelaar zouden bevallen, kregen uiteindelijk een baby met een normaal gewicht. De gewichtsbepaling zal je een idee geven van de kledingmaat die je voor je kindje moet aanschaffen.

Zo, het is voorbij... Nu zal je moeten wachten op de officiële kennismaking – over een paar weken.

Plak hier een foto van de echo of van jou met je dikke buik.

Mijn hemel, wat een druk! Je bent nog niet eens bevallen en dan moet je al nadenken over wat je gaat doen met je toekomstige spruit. Is dat niet wat overdreven?

De werkelijkheid is dat je al heel snel beslissingen moet nemen voor na je zwangerschap, zeker als je daarna weer aan het werk gaat.

In grote lijnen zijn er enkele opvangmogelijkheden: oppasmoeders, kinderdagverblijven, grootouders. Elke mogelijkheid heeft voor- en nadelen.

	Voordelen
OPPASMOEDER/GASTOUDER	• *Een lieve oppas zorgt ook voor je kindje als hij ziek is.* • *Coole oppasmoeders hebben flexibele werktijden en houden rekening met de werkomstandigheden van de ouders.* • *Ze respecteren het ritme van het kind.* • *Ze kunnen je kindje de volle aandacht geven.* • *Weinig kinderen betekent weinig risico's op ziekten.* • *Zij is het enige aanspreekpunt voor de ouders.*
KINDERDAGVERBLIJF	• *De kinderopvangtoeslag is inkomensafhankelijk.* • *Het is een heel veilige plek, maar... (zie hiernaast)* • *Het personeel is geschoold en gescreend.* • *Heel veel activiteiten waar je thuis niet aan toekomt.* • *De baby leert zijn omgeving te delen met anderen.*
PEUTERSPEELZAAL	• *Vergelijkbaar met kinderdagverblijf.*
GROOTOUDERS	• *Je kent hen van A tot Z.* • *Ze hebben (meestal) geen vaste tijden waar je aan vastzit.* • *Je kunt hen volledig vertrouwen.* • *Goedkoop.*

Nadelen

- *Uitsluitend voor geregistreerde gastouders kan kinderopvangtoeslag worden aangevraagd.*
- *De verhouding opdrachtgever/werknemer kan soms behoorlijk uit balans raken...*
- *Het is moeilijk om een onbekend persoon in vertrouwen te nemen.*
- *Bij haar is de baby natuurlijk voorbeeldig, geduldig, lief en eet 'alles'...*
- *Je moet de liefde voor je baby met een onbekende delen.*
- *Het is duur, maar de kinderopvangtoeslag maakt het betaalbaar.*
- *Jullie culturen kunnen verschillen.*
- *Als zij jullie enige opvangmogelijkheid is, kan dat veel gedoe geven bij ziekte of als ze er ineens mee stopt.*

- *De kinderopvangtoeslag is inkomensafhankelijk.*
- *Het is een broeinest van bacteriën.*
- *Je kind mag niet komen als hij ziek is.*
- *Het is vermoeiend voor jonge baby's.*
- *De tijden komen niet met die van alle banen overeen.*

- *Meestal pas vanaf 2 jaar.*
- *Slechts enkele dagdelen.*

- *Grote kans op bemoeienis.*
- *Ze kunnen onaardige opmerkingen maken.*
- *Ze kunnen te pas en te onpas kritiek uiten.*
- *Generatieconflicten: 'Maar, mam, ik ben geen kind meer!'*

Dat is vast geen makkelijke beslissing, maar soms noodzakelijk, vooral als de opa's en oma's zelf nog werken of altijd op pad zijn, en je niet naar een kinderopvang wilt. Hoe het ook zij, regel de opvang zo snel mogelijk om al te grote stress te voorkomen zodra je weer aan de slag moet.

➔ Een andere optie: stop (tijdelijk) met werken... Zelfs als je tot nu toe alles voor je carrière hebt gegeven, kan het zijn dat je er niet aan moet denken weer aan de slag te gaan en je baby aan een ander toe te vertrouwen. Misschien kun je je ouderschapsverlof meteen na je zwangerschapsverlof opnemen om zonder stress van je baby te genieten en als eerste alle ontwikkelingen van dichtbij mee te maken. Informeer bij je werkgever waar je recht op hebt en welke consequenties dit financieel voor je heeft.

Bespreek dit onderwerp tot in detail met je partner, omdat de keuze om wel of niet te gaan werken invloed heeft op:

- je financiën, ook al hoef je dan geen geld aan kinderopvang en eventueel werkkleding te besteden;
- de indeling van jullie leven (jij zit aan huis gekluisterd en hij aan zijn werk);
- je gemoed, want een bestaan als thuisblijfmoeder moet wel een beetje je roeping zijn;
- je professionele netwerk, dat na verloop van tijd steeds kleiner wordt.

Neem de beslissing vooral samen, zodat jullie ook echt samen de verantwoordelijkheid voor de voor- en nadelen dragen.

8e MAAND

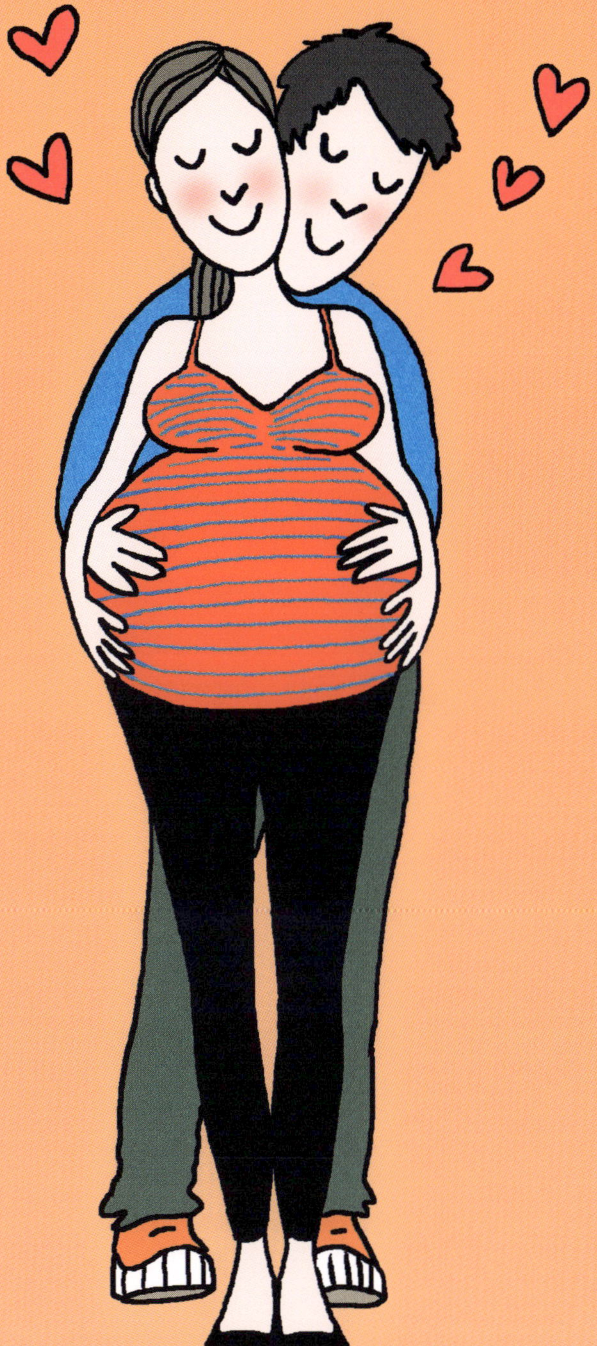

WEEK 33

Alle ontwikkelingen die nodig waren, zijn nu afgerond, op wat kleine puntjes na. Alles wat je kindje nodig heeft, zit op de juiste plek, hij hoeft alleen nog maar te groeien... Hmm, niet te veel hopelijk, hij moet er ook nog uit kunnen, denk je misschien. Maar nogmaals, de natuur zit mooi in elkaar en de vagina kan zich verbazingwekkend ver uitrekken. En bij de geringste twijfel (bijvoorbeeld bij een stuitligging) wordt er gekeken of je bekken wijd genoeg is om het kindje via de natuurlijke weg geboren te laten worden. Alles komt dus goed.

Van top tot teen

Lengte: 39 cm
Gewicht: 1,7 kilo

Een gewaarschuwd positiva telt voor twee

- Als het werk nu te zwaar voor je wordt, kun je vragen of je in week 34 al met zwangerschapsverlof kunt. Als je je prima voelt, kun je tot week 36 wachten. In het laatste geval heb je na de geboorte twee weken langer verlof.

De laatste zorgen

In plaats van dat je van geluk in de hoogste toren klimt (wat in jouw toestand een hele klus zou zijn), ben je weer aan de grond genageld van angst.

Oftewel: 'Het is dus echt waar! Ik ben geen luchtballon, er komt binnenkort een baby uit (au) die ik moet voeden, wassen, verzorgen... Waar zijn we aan begonnen! Bovendien gaat het niet goed met het milieu, en de crisis, en de natuurrampen, en de klimaatverandering, en de hongersnood in de wereld... En wat als mijn vliezen in de supermarkt breken... En wat als ik tijdens de bevalling plas (of erger)? (Nou en? Je bent echt niet de eerste!) En wat als...

O, en dan al die horrorverhalen van je 'goede' vriendinnen...

Dus, adem in, adem uit... Iedereen maakt dit mee. En ondertussen zorg jij ervoor dat je alle stressfactoren op afstand houdt.

NU JIJ! En waar is Superpapa in dit hele verhaal gebleven? Is hij 15 kilo aangekomen? Is hij zo druk als een klein baasje of zo kalm als een zalm?

WEES VERSTANDIG

Laat een echo maken als je baby in stuit ligt om te controleren of hij door je bekken past... of niet!

WEEK 34

Wat kunnen we nu nog voor origineels zeggen? Je baby wordt deze week nog langer en dikker. Wow! Te gek! Je staat vast te klapperen met je oren!
Wat nog meer? Hij begint ijzer, calcium en fosfor op te slaan (dat steelt hij allemaal van jou) om te kunnen groeien, en voor stevige botten die nu nog zacht en soepel genoeg zijn om zich aan de vorm van het smalle geboortekanaal aan te passen...
Maar bovenal is hij zich steeds meer bewust van omgevingsgeluiden en van wat hem omringt: het vruchtwater en de navelstreng...

Van top tot teen

Lengte: 40,5 cm
Gewicht: 1,9 kilo

Een gewaarschuwd positiva telt voor twee

- Gebruik je zwangerschapsverlof om mooie geboortekaartjes te ontwerpen (of bestel ze alvast), want als je daarmee wacht tot je in de poepluiers zit, zijn ze over zes jaar nog niet klaar!

Zin in seks, of toch juist niet?

'Let maar op, in maand acht heb je onwijs veel zin in seks.' Sinds je attente vriendin dat tegen je zei, tel je ongeduldig de dagen tot het vuurtje weer oplaait.

Tja, dat vuurtje, dat laait op, maar het is de vraag of je daar nu echt zo blij mee moet zijn. Je buik is zó aanwezig en zó zwaar dat je nauwelijks een stap kunt zetten (nou ja, je waggelt als een pinguïn) zonder dat het zweet van je voorhoofd parelt.

Overal trekt en jeukt je buik, die nu echt maximaal is uitgerekt (smeren, smeren, smeren!). Bovendien is hij zo groot dat je hem moet ondersteunen met een buikband.

Laatst in de supermarkt zakte je bijna door je benen. Gelukkig had je je karretje stevig vast, anders was je zeker onderuitgegaan. Maar ook dat is allemaal normaal. Het weefsel in de gewrichten van je bekken verweekt, om de kleine er straks door te kunnen laten.

Dus als dat vrijen niet lukt, dan moet dat nog maar even wachten!

NU JIJ! Enkele bevallingstips van goede vriendinnen (die het dus goed met je voorhebben!).

WEES VERSTANDIG

- Je mag nu officieel met zwangerschapsverlof.
- Geniet nog even van de tijd met zijn tweeën.
- Neem bij veel en regelmatige harde buiken contact op met je verloskundige.

Noteer hier alle vragen voor je verloskundige:

WEEK 35

De darmpjes van je kindje vullen zich verder met meconium (zijn aanstaande eerste poep) door het plasrijke vruchtwater dat hij drinkt. Inmiddels moet hij met zijn hoofdje naar beneden liggen of dat in elk geval gauw gaan doen, want draaien wordt steeds lastiger naarmate hij groter wordt. Dus kindje, als je met ons meeleest, het is nu of nooit! Verder doet alles in zijn lichaampje het, alleen de longen moeten nog gefinetuned worden.

Van top tot teen

Lengte: 42 cm
Gewicht: 2,1 kilo

Een gewaarschuwd positiva telt voor twee

- Het is normaal dat je je kindje nu minder krachtig en minder vaak voelt bewegen, maar je moet hem wel elke dag goed kunnen voelen. Neem bij twijfel contact op met de verloskundige.

Help, ik ben nog niet klaar!

Je beste vriendin, die ook zwanger was, is voor de uitgerekende datum bevallen. Paniek! Je liefje is nog niet begonnen met de babykamer, er zijn nog geen meubeltjes besteld en het allerergste: je hebt nog geen babykleertjes (op die sneue pakjes van tante Truus na dan).

Tja, tijdens de zwangerschap heb je een nogal vreemd tijdsbesef. Soms lijkt het eindeloos te duren:

• in het begin, wanneer je nog vurig wenst dat er een normaal baby'tje in je buik zit en geen kloon van Wartortle, de schildpadachtige van Pokémon;
• halverwege, wanneer je staat te trappelen om het eerste schopje te voelen;
• en vooral op het eind, als je de dagen, uren en minuten tot de eerste knuffel aftelt.

Met andere woorden: het is tijd om de dingen klaar te maken!

NU JIJ! De eindstreep is in zicht. Dingen die je nog moet regelen:

WEES VERSTANDIG

Bij twijfel over de ligging van je kindje wordt er deze week met een echo gecontroleerd of hij echt met zijn hoofdje naar beneden ligt.

Noteer hier alle vragen voor je verloskundige:

WEEK 36

Je baby plast heel veel, wel twee eetlepels per uur. Hij slaat ook steeds meer meconium op in zijn darmen. Dat komt heel erg soms (bij een infectie van de moeder) in het vruchtwater terecht. In dat geval moet je sowieso in het ziekenhuis bevallen om de baby zo min mogelijk risico te laten lopen. Verder heeft je kindje nu bijna zijn geboortegewicht. Omdat hij te weinig ruimte heeft om vrij te bewegen, trekt de kleine grapjas vooral gekke gezichten. En ondertussen wordt jouw buik maar groter en groter… Het goede nieuws is dat je kindje met de dag mooier wordt. Dag rimpelhuidje! Leve de vetkussentjes!

Van top tot teen

Lengte: 43 cm
Gewicht: 2,2 kilo

Een gewaarschuwd positiva telt voor twee

- Ga naar de kapper, schoonheidsspecialist, manicure… Oftewel, laat je mooi maken nu het nog kan.
- Wees aardig tegen de verloskundige of gynaecoloog, dat kan geen kwaad.

Melchior, Caspar of Balthasar?

Sinds de klimaattop van Kopenhagen heeft er zelden een situatie zoveel strijd opgeleverd als jullie namenkwestie: beide kampen staan op hun strepen, met het mes tussen de tanden. Zodra de een het onderwerp aansnijdt, vuurt de ander zijn raketten af.

Maar jullie gaan de kleine toch geen Popje noemen (zijn koosnaampje tot nu toe)? Hoe dan? Hier een paar tips voor echte positiva's:

- begin helemaal opnieuw en kies een andere invalshoek ('Hé, we hadden nog niet aan namen van bekende mensen gedacht');
- trek lootjes en spreek af dat de 'verliezer' de tweede naam of die van het volgende kindje mag bepalen;
- houd een mini-enquête onder intimi en beloof elkaar dat je hun keuze accepteert;
- wacht tot de dag daar is in de hoop dat de naam vanzelf in je opkomt als je je kindje ziet.

Succes!

NU JIJ! Schrijf hier op welke verloskundigen of gynaecologen jij kunt tegenkomen als je met je benen in de steigers ligt.

WEES VERSTANDIG

- Normaal gesproken ga je nu elke week naar de verloskundige of gynaecoloog.
- Als je kindje nog niet met zijn hoofdje naar beneden ligt, heb je volgende week een afspraak met de gynaecoloog. Hij probeert het kindje te draaien.
- Zet deze week je bed hoger en pak de tas in die je wilt meenemen als je naar het ziekenhuis moet.

9e MAAND

WEEK 37

De finish is in zicht. De 'ontrimpelingsfase' gaat door dankzij het laagje onderhuids vet dat zich ontwikkelt. Het lanugo is vrijwel verdwenen en je baby daalt in, waardoor je druk kunt voelen op je perineum. Zijn immuunsysteem ontwikkelt zich in hoog tempo, omdat zijn antistoffen het binnen enkele weken van de jouwe moeten overnemen. Je placenta heeft nu een doorsnee van 20 cm, is zo'n 3 cm dik en 500 gram zwaar. Dat gewicht ben je na de bevalling dus gelijk al kwijt. Je baarmoeder weegt nu ruim 1 kilo en heeft snel na de geboorte weer zijn normale omvang en gewicht.

Van top tot teen

Lengte: 45 cm
Gewicht: 2,4 kilo

Een gewaarschuwd positiva telt voor twee

- Pak je ziekenhuistas in (zie blz. 127).
- Als dit je eerste kindje is, geniet dan nog even van je ongebroken nachten en slaap zo lang mogelijk uit nu het nog kan.

Iedereen is anders...

Nou ja zeg, dit is toch wel het toppunt. Je vent raakt je niet meer aan sinds je zwanger bent, hij wordt niet bepaald blij van je buik, na lang smeken ging hij eindelijk mee naar zwangerschapsgym, althans, voor die ene keer dan (schuld van het werk, druk, druk, druk) en nu verkondigt hij ook nog eens dat hij geen voet in de verloskamer zet, al zetten ze een pistool tegen zijn hoofd. Alsof jij een keuze hebt!

Omdat wij aardige meiden zijn, nemen we het even voor hem op. Hij houdt van je, maar door al die rondingen is hij zijn focus een beetje kwijt. Hij ziet hoe jij moeder wordt terwijl er voor hem op dit moment weinig verandert. Vandaar de angst dat jij nooit meer de oude zal zijn.

En ook al kijkt hij altijd naar *House*, in het echt raakt hij altijd de kluts kwijt in het ziekenhuis. Dus als hij van een druppel bloed al bijna onderuitgaat... dan is een bevalling misschien wat te veel gevraagd.

Dus vergeet die Super Daddies die hun camcorders al aan de oplader hebben liggen of druk met de schaar oefenen hoe ze de navelstreng moeten doorknippen. Jouw schat is anders, maar dat betekent niet dat hij het verder niet goed doet. Oefen geen druk op hem uit en accepteer dat hij niet in de verloskamer wil zijn, in de hoop dat hij op het moment suprême geen millimeter van je zijde wijkt en zich met plezier de hand laat fijnknijpen!

Wees verstandig

Zorg dat je vanaf nu altijd je verzekeringspas (Belgische positiva's: ziekteverzekeringskaart) op zak hebt.

Nu jij!

Persoonlijke spulletjes die je in je ziekenhuistas wilt stoppen.

WEEK 36

Niet veel nieuws deze week. Het lanugo is verdwenen. Je kindje is vanbinnen helemaal af. Hij heeft een hele hoop botten, meer dan jij, die na verloop van tijd aan elkaar groeien. Hij heeft al meer dan zeventig reflexen in de aanslag die van belang zijn om te overleven. Zijn huidje wordt steeds strakker en hijzelf steeds dikker: het vet vormt 15 procent van zijn gewicht. Hij ziet er dus steeds engelachtiger uit!

Van top tot teen

Lengte: 46,5 cm
Gewicht: 2,7 kilo

Een gewaarschuwd positiva telt voor twee

- Zet die tas nu toch eens klaar!

Overboord met die preutsheid...

Ben jij zo iemand die nog harder wegloopt voor de gynaecoloog dan voor de tandarts uit angst voor inwendige onderzoeken? Bij het getraumatiseerde af? Hopelijk ben je inmiddels gewend aan het idee dat die er ook bij horen. Praat erover met je gynaecoloog of verloskundige.

Vanaf nu mag je bevallen. Tussen week 37 en 42 mag je, na een ongecompliceerde zwangerschap, thuis bevallen. Als je in het ziekenhuis onder begeleiding van een gynaecoloog bevalt, krijg je waarschijnlijk het gevoel dat de hele afdeling even tussen je benen stilhoudt om opmerkingen te maken: 'Oei, zo snel', 'Nou, nou...', 'Goh, kom eens kijken. Wat denken jullie, 4 of 5 cm ontsluiting?' Troost je met de gedachte dat ze niet naar jou kijken, maar gewoon naar een vagina die door het hoofdje van de baby steeds verder wordt opgerekt. Lekker romantisch, hè?

Nu jij!

Thuiskomen na een ziekenhuisbevalling... Zorg dat alles in orde is. Maak een lijstje met aanwijzingen voor Superpapa.

Wees verstandig

- Zet je kraampakket klaar.
- Zorg dat je bed verhoogd is en houd telefoonnummers bij de hand.

Noteer hier alle vragen voor de verloskundige:

WEEK

39

Na het donshaar verdwijnt nu ook het huidsmeer. Je baby zit steeds krapper in je baarmoeder (hij is in één week tijd 300 gram aangekomen!) en ligt nu helemaal dubbelgevouwen, klaar voor een verpletterende entree op het toneel. En jij, jij kunt nu écht niet meer!

Van top tot teen

Lengte: 47 cm
Gewicht: 2,9 kilo

Een gewaarschuwd positiva telt voor twee

• Houd vol, het is bijna afgelopen! En die telefoon die roodgloeiend staat ('Is het al zover?') voert de spanning alleen maar op.

Ik wil bevallen!

Als iemand ooit tegen je had gezegd dat de bevalling op een gegeven moment niet snel genoeg kan beginnen, had je haar voor gek verklaard. En toch... Nu je erbij ligt als een aangespoelde walvis op een zandbank (maar dan wel iets knapper!), droom je nog maar van één ding: je van je ballast verlossen!

Inderdaad, de natuur zit goed in elkaar. Na vrij moeilijke eerste maanden en de euforie van het tweede trimester is alles in gereedheid gebracht om reikhalzend naar de laatste sprong uit te kijken.

Het enige waar je nog van droomt is dat je je voeten weer ziet, geen kledingassistent meer nodig hebt, je veters weer zelf kunt strikken, weer normaal de trap op kunt, niet meer op de grond hoeft te zitten om de wasmachine leeg te halen en vooral dat je weer op pad kunt gaan om lekker te shoppen en de wereld niet meer alleen vanuit liggend perspectief hoeft te zien.

Ineens wil je nog maar één ding: bevallen!

Nu jij!

Jouw favoriete bezigheden om zen te blijven!

Wees verstandig

- Ligt de baby nog steeds in een stuit en is het niet gelukt om hem te draaien, dan blijf je onder controle van de gynaecoloog. Hij zal de bevallingsopties met je bespreken.
- Zorg dat je alles in huis klaar hebt, zodat je je daar nu geen zorgen meer over hoeft te maken.

WEEK 40

Hallo, papa. Hallo, mama. Zien jullie hoe mooi ik ben? Oké, zo snel gaat dat nu ook weer niet, het gaat eerder van wèh, wèh, een traantje (of een hele waterval), voorzichtig de vingertjes en teentjes tellen, de eerste poging tot een slokje aan de borst en de eerste grote knuffel. Genieten maar!

Een gewaarschuwd positiva telt voor twee

• Deze week is je uitgerekende datum, maar slechts 3-4 procent van de vrouwen bevalt daadwerkelijk op die dag. Het verliezen van de slijmprop betekent niet per se dat de bevalling nu begint, maar bij het verliezen van vruchtwater gaat het minder dan een dag duren!

• Als je weeën elkaar nog niet te snel opvolgen, kun je een bad of douche nemen, naar de wc gaan, een koolhydraatrijk drankje nemen (bijvoorbeeld vruchtensap of warme chocolademelk). Heb je trek, eet dan iets licht verteerbaars.

Van top tot teen

Lengte: 50 cm
Gewicht: 3,3 kilo

Onmiskenbare signalen...

Wat bizar, vanmorgen toen je opstond, had je ineens veel zin om je huis op te ruimen...

Of om die muur in de hal te schilderen (wat je al maanden van plan was)... Of om de kledingkasten opnieuw in te delen... Of de kamer van de oudste schoon te maken... Kortom, je hebt een gruwelijke drang om duizend-en-een verschillende dingen aan te pakken.

Of andersom: je bent niet vooruit te branden en misselijk. Of je vindt een slijmprop in je slipje... De eerste weeën laten nu vast niet lang meer op zich wachten. En als je onderbroek ineens nat is (nee, dat is geen plas), bel dan direct de verloskundige of gynaecoloog.

NU JIJ! Welk wonderlijk moment van de zwangerschap wil je hier vastleggen?

Spullen die je nodig hebt

Om je hoofd niet nog meer op hol te jagen, hebben we een overzichtelijke tabel gemaakt met spullen die je voor je bevalling en de eerste maanden daarna nodig hebt (in roze alles wat je vanaf het begin nodig hebt). De rest (en dat is nogal wat) valt meer in de categorie 'gadgets'.

		Onmisbaar	Handig	Aantal	
SLAPEN	Wieg		×	1	
	Spijlenbedje	×		1	behalve als je een wieg hebt
	Trappelzak	×		2	
	Hydrofiel luiers	×		2	
	Hoeslaken	×		2	
	Kruik	×		2	
	Mobieltje	×		1	
	Nachtlampje		×		handig als je borstvoeding geeft
	Matrasverhoger		×		voor baby's met reflux
	Fopspeen		×	2	om aan zijn zuigbehoefte te voldoen
BADDEREN	Commode	×		1	
	Aankleedkussen	×		1	
	Badje	×		1	
	Badthermometer	×		1	
	Badstandaard	×		1	
	Badcape		×	2	
ETEN	Babystoel	×			
	Babycook	×			
	Lekschaaltjes	×		2	bij borstvoeding
	Zoogcompressen	×		veel	bij borstvoeding
	Tepelklovenzalf	×		1	bij borstvoeding
	Zuigflessen en spenen	×		6	als je geen borstvoeding geeft
	Flessenwarmer	×		1	als je geen borstvoeding geeft
	Flessenborstel		×	1	als je geen borstvoeding geeft
	Sterilisator of sterilisatorzakken	×		1	als je geen borstvoeding geeft
	Slabbetjes	×		veel	
SPELEN	Wipstoeltje	×		1	
	Box		×	1	
	Speelkussen		×	1	
WANDELEN	Draagzak of draagdoek		×	1	
	Maxi-Cosy	×		1	
	Onderstel voor Maxi-Cosy	×		1	
	Kinderwagen		×	1	
	Reiswieg		×	1	kan in het begin ook als wiegje dienen
	Campingbedje	×		1	
	Lit parapluie	×		1	
	Buggy	×		1	om de stad in te gaan

Wat stop je in je ziekenhuistas...

Een handige checklist zodat je alles bij de hand hebt als het nodig is.

Voor jou:

- verzekeringspas/ziekteverzekeringskaart;
- identiteitskaart;
- papieren van de verloskundige;
- lippenbalsem;
- 2 voedingsbeha's en zoogcompressen;
- 2 pyjama's of nachthemden (met knoopjes aan de voorkant voor het voeden);
- slippers;
- sokken;
- kraamverband;
- toiletspullen;
- make-up. Nee? Echt wel!;
- ten minste twee leuke, losse tops (fotomomentje!) met opening aan de voorkant voor het voeden;
- 2 vestjes;
- sneakers;
- een gekleurde kussensloop (fotomomentje!);
- lekkere thee en snoepjes;
- tijdschrift, mobiel, puzzelboekje, fototoestel;
- een tas voor je vuile was;
- een lekker kussen, oordoppen (geen zorgen, je hoort je baby echt wel!) en een slaapmasker (zeker als je de kamer deelt);
- flesje water.

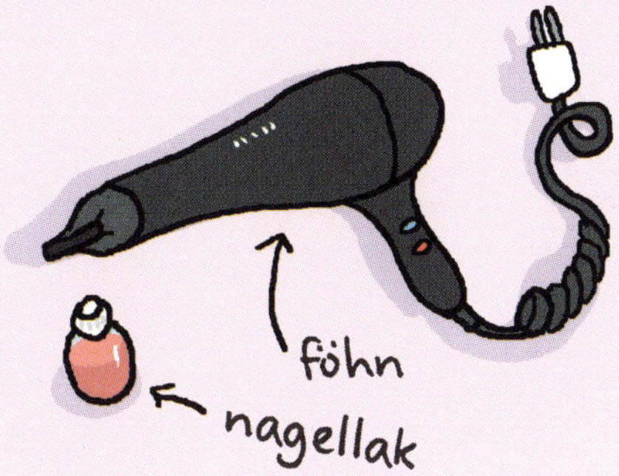

Voor de baby:

- een fopspeen;
- 5 rompertjes;
- 2 pakjes;
- 1 mutsje;
- Maxi-Cosi;
- deken voor over de Maxi-Cosi;
- jasje voor buiten;
- zijn eerste knuffel;
- slabbetjes;
- sokjes;
- hydrofiel luiers voor van alles en nog wat.

nog meer positiva's !

ISBN 978 94 91853 06 7 (NL)
ISBN 978 94 6131 315 7 (B)